U0929072

光尘
LUXOPUS

MÈRE ET FILS

母亲与儿子

ALAIN BRACONNIER

[法] 阿兰·布拉克尼耶 著　丁玉可 译　祝华 审校

生活·讀書·新知 三联书店　生活書店出版有限公司

图书在版编目（CIP）数据

母亲与儿子 / (法) 阿兰·布拉克尼耶著 ; 丁玉可译. — 2版. — 北京 : 生活书店出版有限公司, 2022.5
ISBN 978-7-80768-377-3

Ⅰ. ①母… Ⅱ. ①阿… ②丁… Ⅲ. ①家庭教育 Ⅳ. ①G78

中国版本图书馆CIP数据核字(2022)第064288号

策划编辑　李　娟
执行策划　邓佩佩
责任编辑　程丽仙
特约编辑　邓佩佩
出版统筹　慕云五　马海宽
审　　校　祝　华
封面设计　潘振宇
封面插画　芊　祎
责任印制　孙　明
出版发行　**生活書店**出版有限公司
　　　　　（北京市东城区美术馆东街22号）
图　　字　01-2022-0922
邮　　编　100010
印　　刷　北京中科印刷有限公司
版　　次　2022年5月北京第2版
　　　　　2022年5月北京第1次印刷
开　　本　787毫米×1092毫米　1/32　印张9.625
字　　数　159千字
印　　数　00, 001–10, 000册
定　　价　56. 00元
（印装查询：010–69590320；邮购查询：15718872634）

写给

懂得去爱的母亲和日益独立的儿子

引言

母亲真的过于疼爱她们的儿子吗？现在我遇到的母亲经常会问我这个问题：为了让我的儿子自在地生活并且可以与女性愉快相处，我应该与他保持怎样的距离？换言之，如今母亲的育儿方式会帮助儿子创造怎样的未来？为了培养一个能应对现代社会挑战的儿子，我们需要的是专注、和蔼、热情洋溢的母亲，还是谨慎、保守、压抑自己母爱天性的母亲？我肯定倾向于前者。

在我看来，母爱是儿子美德的源泉，这与以往的某些观点是相悖的。诚然，有些母亲的爱会让儿子窒息，但我认为这样的母亲远比我们听说的或者从书上了解的要少。我在做心理治疗师时遇到的担心自己过于疼爱儿子的母亲远远多于让人窒息的或过于亲力亲为的母亲。

在大家的印象中，母子关系一向会引起象征性的表达或相悖的想象：一方面是喂养孩子的，庇护的，承担生活重担和带来力量的母亲形象；另一方面是贪婪的，引起阉割情结的，有危险甚至死亡气息的母亲形象。但在人类心理学家看来，这就是另一回事了：与大家对母女关系或父子关系的态度不同，我们对过于保护儿子的母亲批评得很多，但细致地研究这种母子关系的人却很少。更奇怪的是，以亲子关系为主要研究目标的精神分析学很少涉及这样的母子关系，虽然弗洛伊德或拉康本身就与自己的母亲是这种关系。

在过去30年中，关于母亲角色的观点一直不断变化。我们经历了孩子出一点儿小问题就归结于母爱过度的阶段，然后转向了下面的这个最新发现：母爱就好像灵丹妙药，孩子为了生存服用它，它从孩子出生起就对基因中可能存在的脆弱性有改善作用。这个观点会颠覆一个老生常谈的言论："夫人们，不要做老母鸡一样的母亲，你们会憋死自己的儿子。"又或是我们最推崇的精神分析学家经常重复的话："小心有阉割情结的母亲！"

朱利安让我明白了母亲对于儿子来说究竟意味着什么。这个7岁的小男孩明显早熟却又好动，他对我说："我妈妈就像小夜灯，她一直都在，而且我难过的时候她会立马点亮自己来温暖我的心。"我们还能找到比小夜灯更美好的对母亲的比喻吗？朱利安引发了我对包含在这幅画面中的他母亲不同意义的思考：细心的照顾，看管，思虑，时刻保持警惕，使昏暗的地方充满光明。

我们都知道，与母亲的相处经历在男人的一生中有决定性作用。阿尔伯特·科恩曾完美地表达："好，我会用这双因你而高尚的眼睛注视你，无论有多远的距离和多深重的沉默，我都会信赖你，我要郑重地对你说，我的母亲。"我们只有一个母亲，当她离去时，我们就变成了"孤儿"。这是人世间最伟大的爱。

有一个男士，他的妻子一直抱怨他与母亲的关系太亲密，一天他向我吐露了真心话："我们永远不会走出失去母亲的伤痛，我们只是把它藏在心底，或者驱赶它。"可能在某些夫妇关系中这样的抱怨确实有道理，但关于母子关系的研究结果却完全倒向另一个方向："恰恰相反，母爱使人强大，除了一些极端情况，母爱并不会妨碍男孩成长为男人。"

卡罗尔是一个9岁男孩的母亲，曾向我咨询过她对儿子埃梅里克的担忧。她觉得儿子太腼腆了，而且在学校交朋友也有困难。班主任对她说埃梅里克在班上被孤立了，这使这位母亲更加恐惧。卡罗尔对埃梅里克的个子矮很担心，因为她的大儿子在同龄孩子中算比较高的。“就像他爸爸一样。”她暗暗想道。小儿子会不会因此产生自卑情绪？她去咨询了主治医生，排查所有异常情况，并且坚持让医生开具血常规和X光检查，排除她的小男孩身上所有的异常——这位母亲喜欢叫她儿子“小男孩”。其实，虽然她儿子从生理上讲在同龄孩子中确实较矮，但依然在正常范围内。这位母亲出于担心而去咨询医生的做法是太过疼爱儿子，还是只是做了一个“好妈妈”应该做的?

在当今社会，很多母亲在表达内心的温柔和爱意时会有负罪感。她们怕培养出一个有严重俄狄浦斯情结的儿子。一位母亲带她儿子来咨询儿子在学校的问题，她一来就对我讲了她认为的问题之所在：“安东尼小的时候，医生对我说你儿子太恋母了。从那时起我就不敢太疼爱他。”我经常遇到一些陈词滥调的问题：“如果我花太多时间陪他，不会扼杀他吗？”“我太爱他了！他会不会变成同性恋？”“如果我们关系太紧密了，他将来会不会找一个像我一样的老婆？”诚然，俄狄浦斯情结确实存在，但为何要因此产生畏爱情绪呢？太多的女性顾忌社会偏见，或者更直接的来自朋友、丈夫、婆婆和心理医生的指责。

听她们脱口而出或深思熟虑地谈论自己的儿子，观察她们的行为，我不禁想到，母爱体现了爱最理想化的方式。当母亲提及与儿子的关系时，她们通常将母子关系形容成一种独一无二的联系，一种永恒不变、不可触碰的爱。“有没有哪个男人可以把女人带到她根本不想去的地方？”这个问题的答案很显然：“有，她儿子。”这种无条件的爱伴随人的一生，而且一般是相互的，即使在最困难的境地。男人会永远记得自己的母亲，记得她穿的连衣裙、她的发型、她喷的香水、他离开时母亲的吻——这些吻会带动他所有的感官。反之亦然，母亲会永远记得儿子的目光，记得他婴儿时的气味、他的体贴、他的愤怒，甚至是他的粉刺……

人们很清楚母亲不是任何时候都享受她们发自内心的爱的。一位不久前成为女权主义活动分子的母亲向我坦白：“我那时甚至都不敢承认自己想要男孩。”难道爱自己的儿子是政治不正确吗？似乎我们在禁止对孩子有过于性感态度的一贯克制中又加入了一种情感禁忌。然而，在我看来，应该得到认可的恰恰是相反的观点：母亲是，而且一直是儿子幸福成长的根本。全世界的母亲，请你们自信勇敢地表达对儿子的温柔、热情，甚至是偷偷摸摸的爱吧！

目录

1 人们从来不会过于疼爱儿子

2 养育男孩

3 男孩和他的母亲，姐妹，兄弟以及他的父亲

我跟我儿子相处得不好，该怎么办呢？

1

人们
从来不会
过于疼爱儿子

第一章

母亲有爱儿子的权利

“你太亲力亲为了……”在过去的几十年，母亲好像是有原罪的，不管她们做什么。我们的小不点儿身上所有的问题和错误都自然而然地有且只有一个原因：母亲与孩子的关系，特别是母子关系过于亲密。孩子在幼儿时期会有睡觉或吃饭的问题，接着会害怕去学校，有多动行为，或者极其腼腆。最后，在青少年时期，他可能会无法承担责任或不能应对这个年龄常见的挑衅。这种通俗的观点不断地让更多母亲扪心自问她们到底该感受或者表达怎样的爱。传统疗法之外的精神分析学理论，用让·拉普朗什（Jean Laplanche）的话说是“围墙之外”的理论，但它已经渗入文化和教育领域了。从这点来讲，这个理论十分需要慎重地评估。

小心俄狄浦斯情结

母亲首先遇到的就是这个威胁，这个说法通常用来形容母子关系，而不是父女关系。有多少母亲没有听过这句话呢？“夫人，如果你像这样爱你儿子的话，他会有非常严重的恋母情结！”

○ 名副其实的误解

女性真的应该为她们对儿子的爱和通常所谓的隐秘的保护欲感到羞耻吗？

等我长大了要和妈妈结婚

这句经常从我们的小孩儿嘴里听到的话，反映了儿子对母亲无条件的爱，至少在他说出口的那一刻是这样的。这句话证实了今后大家都会知道的常识：如果小男孩儿会这样幻想，说明孩子在3～7岁时，他与母亲之间产生了一种超自然的关系，这是一种魅力、吸引、诱惑和爱。这种与妈妈结婚的愿望并不令人担忧，它实在很平常。所以为什么要由此想到母爱过度，而不是换一个角度认为孩子借此证明了他的母亲完成了她的角色和任务：教会儿子如何去爱呢？很显然，是大家对两个异性结合这种关系的观念使人感到尴尬。在母子之间确实存在诱惑关系，但这种诱惑是必要的。

在所有母子关系中，孩子的成长都有两个基本阶段：早期诱惑（又叫“原始诱惑”），然后是后期诱惑，也就是如今被每个人所熟知的“俄狄浦斯情结”。

不要怕在儿子面前展现自己的美丽

没有人可以否认婴儿与母亲相遇的重要性。这种相遇永远是不对称的，尤其当孩子是男孩时会产生双重的不对称，因为除了有成人/孩童间的不对称，还要加上男性/女性间的不对称。从出生起，婴儿就对世界开放自我，只是因为器官没发育完全，他还不能自理，也不能感知危险。在这种情况下他可以参照的成人主要是母亲，极为罕见的情况中有可能是父亲，因此婴儿与母亲会本能地建立开放的、生死攸关的关系，这种关系是自然并且相互的。

母亲细心的、不遗余力的照顾才使不由自主的“诱惑”得以产生，这种诱惑被让·拉普朗什称为“早期诱惑”，他这样写道：“早期诱惑与母亲的照顾密切相关，可以填补弗洛伊德关于唤醒生殖感觉的理论空白。”同样，当我们谈论母亲与孩子之间的吸引时，不该混淆概念。这里涉及母爱的本质态度，这种态度让孩子感到被爱，能使孩子回应母亲发送的“信息”。心理现象正是通过这种方式构成的，也正因如此，母亲不该怕在儿子面前展现美丽或者以我们所指的意思诱惑他。这种诱惑是为了让婴儿爱自己的母亲，也为了让他向世界开放自我，所以有心理成长上的必要性。

随着孩子的成长，这种关系的转变会经过不同的阶段。最初孩子处于“妈妈是最美的”，与其他小朋友永无止境的攀比、竞争和理想化阶段；接下来，孩子会尊重母亲的权威，这种尊重一部分是源于原始诱惑，孩子不想让母亲失望；在下一个阶段，孩子可能会无意识地感觉亏欠母亲，这种感觉从一开始就会让孩子感到被爱和被欣赏。

俄狄浦斯情结只是俄狄浦斯情结，并不是乱伦

关于所谓的俄狄浦斯情结，还有什么是我们没有书写、证实、重复甚至曲解过的呢？20世纪后半叶，因为人们曲解了某些精神分析学观念，导致了教育建议方面的混乱。如今，所有人都确信他们很了解俄狄浦斯情结。这还让我们回想起弗洛伊德的预感：“我在我自己身上发现了对母亲的爱意，就像其他人一样，还有对我父亲的嫉妒，我认为这是所有小孩子都会有的感情。”说到俄狄浦斯王，这个索福克勒斯笔下的悲剧角色，弗洛伊德认为：“每个听众都是萌芽和想象状态中的俄狄浦斯，在迁移到现实中的梦境实现之前，他会因各种方式的对本能感情的克制而发抖，这种克制将他的幼时状态和现实状态分离。”“在幼时……萌芽中……想象中……禁欲！”我们可以清楚地衡量这对弗洛伊德的精神生活著作的阅读和后续的翻译之间有着多么严重的混淆。

我们至少在两个层面对俄狄浦斯情结有误解。母亲有权把儿子抱在怀里，逗弄他，给他充满温柔和爱意的吻。在这个层面，她没有任何乱伦的举动，而且甚至是乱伦的反面。当孩子说“我长大要和妈妈结婚”这话时可能会产生另一个困惑：孩子和成人在这个问题上存在隐含的区别。很显然，如果一个母亲对小儿子以同样确信的口吻说“等你长大了我要和你结婚”，那我们可以考虑这句话从母亲的角度来看是否意味着乱伦行为。而孩子本身就代表一种不同，我们将这种不同归因于他已经确认的现实原则，因为他说的是“等我长大了”，也就是说这是将来的事，但这句话也可以解释得更巧妙：与父亲的斗争已经暗中开始了。

我们所说的禁欲在本书中的意思很明确。现在或不久后，不论在母亲还是孩子身上，都只有在梦境中才会偶尔出现乱伦的欲望。当然，俄狄浦斯情结和乱伦这两个概念并非毫无关系，而且未表或隐含的表述并不能说明乱伦不存在。尤其在青春期，这种欲望会突然在各个地方重现。当一位母亲对我说她了解她儿子所有的恋爱、情感和性关系时，我确实感到很尴尬。但难道就可因此否认母爱是孩子生理和心理生存的保证，是孩子自爱、好奇心以及与世界、他人交际能力的基础吗？

事实上，俄狄浦斯情结代表母亲与儿子间的依恋，是构成人类心理学的关键。对这个精神分析学概念不准确的理解使人们产生了极大的思维混乱。语言的简洁性作为精神分析学家的借口，在某种程度上助长了这种混乱，有些人在没有分清涉事情况是事后才觉察到的、关于禁欲的无意识的想象，还是不能以常识解释的对性欲的隐喻，便开始谈论不伦欲望，甚至乱伦。

另外，现今所有的研究员和临床医生一致认为弗洛伊德将诱惑的创伤过于笼统化了，他认为孩子在这种诱惑下变得心理早熟、被动、屈服甚至成为成人之爱的受害者。然而正相反，所有近期的研究都表明了婴儿自出生起就与周围世界，尤其是与他母亲间的相互影响是多么强，这种相互影响加强了主体间的人际关系而非从属关系。

○ 错误观点集锦：关于母亲与儿子的偏见

大家都明白“母爱对于儿子的心理平衡是危险的”这种观点是如何产生的。无论如何，在孩子的幸福或问题上赋予母亲极端的角色，以及儿子的被动性，通常是一系列关于母爱对儿子有危险性的偏见产生的原因。年复一年，这样的态度就会实实在在地导致儿子未来的一系列性格弱点。

他永远不会成长为一个男人

如今的女性理所当然地要求男女平等。这类女性作为男孩的母亲，肯定不希望她们的儿子变成她们摒弃的或者可能见识过的大男子主义的男人。她们最希望儿子成为开放的、自在快乐的男人。如果向她们暗示过于疼爱儿子会妨碍他成为真正的男人，她们会因此感到困窘并且有负罪感。然而我的职业经验让我了解到，妨碍男孩成长为男人的因素更应归结于现实或情感上的父爱缺失，而不是母爱过度。

在学校他会不知道如何自卫

这是以往观点的一种变形，同样反映了“落汤鸡”的形象。懂得如何在课堂上或课间休息时自卫一直是体现男孩阳刚之气的“核心价值”。孩子在这方面的弱势态度会引起一种惯性思维：这都是他妈妈的错！他妈妈把他保护得太好了，所以没有让他认清生活的残酷，尤其是其他孩子的侵犯。只要稍微花点儿时间就很容易看清这种解释是很片面的。孩子害怕男孩间强壮有力的行为，不喜欢带有侵略性的游戏或拒绝争抢皮球、笔袋或者同桌的铅笔的原因是多种多样的。可能因为很腼腆、害怕争吵或者与旁人兴趣不同等，这些表现不能简单地归结成一个男孩与母亲的关系太亲密的假设。

他会变成同性恋

如今，同性恋不会再像过去一样引起拒绝、耻辱或嘲笑。可无论父母观念多么开放，他们还是会恐惧孩子成为同性恋。在那些童年时就被同性吸引并且青春期更甚的男孩身上，我一直能感到他们在因这个选择而要面对母亲时的尴尬。然而随着时间推移，与父亲相比，母亲更愿意将孩子的幸福放在第一位，从而更能接受孩子是同性恋的事实。

反之，即使人们观念进步了，母亲太爱、太庇佑或者保护儿子会让他变成同性恋的观点依然大行其道。这里我们面对的是最经典且最失之偏颇的偏见，人们故意用几个著名案例维持这个偏见。《追忆逝水年华》的作者对他与母亲让娜·普鲁斯特（Jeanne Proust）的关系有一段著名的描述：生命中唯一的目标，唯一的甜蜜，唯一的爱，唯一的慰藉，就像某位裁缝和某位大布景师的母亲一样。同性恋的产生是因为与母亲关系过于密切吗？我们可对此持最基本的怀疑态度。那些特殊的著名案例并没有普适价值：关联性不能等同于因果关系。一个有早熟女性特征的男孩很可能让母亲心中有一种与面对更阳刚的男孩时不同的态度。所以人们为什么总是混淆因果关系呢？

他会爱上一个牵着他鼻子走的女孩

确实有些男人习惯被他们遇到的小姑娘或年轻女人控制，就像有一些男人特别依赖与其生活在一起的女人一样。难道这也是抚养他们长大成人的母亲的错吗？控制欲很强的女人确实有，就像有控制欲很强的男人一样，但是作为母亲，她们对儿子的态度通常是不同的。她们身上的母爱好像可以平衡她们对其他男人的专制倾向。

他会找一个像他母亲一样的老婆

在这类陈词滥调的集锦中，母亲对儿子极度的爱恋让人担心这会在儿子的心灵和精神上留下一种图像般极强的印记，这种印记会让儿子在今后的人生中只能与遇到的所有女人重复与母亲的关系。的确，我们偶尔会在朋友的妻子或者伴侣身上发现他母亲的某些特征，尤其是性格特点上，但在我看来这个事实足够普通，因此不能只怪罪母亲。这真的证实了母子之间著名的幼时俄狄浦斯情结会贯穿孩子一生，并深入持久地存在吗？我想到了20世纪80年代一位很有声望的精神分析学家的看法，他曾在公众面前宣称离婚是最好的结果，因为在第一段婚姻中我们一直在寻找母亲（对男孩来说）和父亲（对女孩来说）的替身，只有在这第一段关系结束后我们才能开始自由地寻找伴侣。如今，我们已不该在这种让母亲充满负罪感的俄狄浦斯情结的借口前停滞不前。

按照统计学观点，即使将各种情况考虑在内，无论男孩还是女孩，由于一种“自然的基因吸引”，我们在更大的概率上会爱上一个与我们相似的人。母亲在孩子童年时期培养孩子的方式上并不负全部责任。无论如何，如果儿子的心理上在他母亲与他今后会爱上的女人之间产生了某种无意识的认同，那是因为他的母亲也是爱他的女人：所有人都赢了！

他永远都长不大

看起来这是最有逻辑性的观点：如果母亲在儿子的生活或精神上影响或存在感太强，那儿子某种程度上有永远长不大的可能。但人们是怎样摆脱童年的呢？为了成为一个能应对生命中各种决定和重要选择的成年人，难道他不应该与童年永别，放弃人生初期父母特别是母亲用温柔的爱和保护营造的虚幻天堂吗？我们很清楚一些母亲过于保护孩子的态度可能会让孩子怀念那个已经消失的儿时天堂，但我们不能过于武断地下结论认为这会阻止母亲以她们领会的方式，即尽可能本能和自由的方式爱儿子。

母亲有爱孩子特别是爱儿子的权利。就算禁止她们爱儿子，她们也做不到，只能让她们尽可能不要有毫无意义且往往毫无根据的负罪感。

爱的历史

我曾开展过一次深入的调查，对象为同时拥有至少一子一女的母亲，大部分调查对象都说："我与女儿（们）的关系一直都是复杂性和敌对性的混合体；但与儿子（们）的关系就是另一回事了，我的感情更浓烈。"

有许多问题人们都不明白：母亲无法忍受的普通男人的缺点，为什么换了自己的儿子她就可以忍受了呢？为什么母亲总是担心却也骄傲地说"他天天黏在我身边"？为什么那些自认为幸福并足够自信的男孩都很依恋母亲呢？为什么主要由母亲带大的儿子如今通常都有很强的好胜心，并且在艺术、政治、经济、体育等不同的领域都取得了极其耀眼的成就呢？

因为，自从把他们带到这个世界上的那天起，他们的母亲，就像所有母亲一样，不仅在生活中鼓舞他们，更把所有的爱与精力都贡献了出来。那是奥林匹娅，大仲马命运多舛的母亲？是莱迪西娅，那位出身科西嘉后来成为皇帝的矮小将军的母亲？还是罗斯·肯尼迪，这个不同凡响的家庭成功的原因？

从古至今，每个儿子在想到自己母亲时，都会想象出一个或年轻或年长女人的、或微笑或担忧却时刻准备回应他召唤的面孔；他会为她的沉默感到愧疚，他会考虑她的建议或重新确认她坚定不移的支持。有时，为了自我防卫，有人会给自己穿上用公开的距离或暴躁的逃离做成的盔甲。

在青春期时，我们不再拥抱母亲，即使拥抱，我们也会努力消除那些占据我们身心的柔情迹象。但是小男孩快乐地躺在他了不起的母亲的臂弯里仍然是人类史上最打动人心的画面。这一画面会陪伴我们一生，陪伴母子各自的幻想，直到进入坟墓。

○ 第一种相遇

7岁的小男孩朱利安一直想知道他是从哪里来的。有一天他问我："如果亚当和夏娃是最先住进伊甸园的两个人，那亚当的妈妈是谁呢？"我不知怎么回答他，但是我立刻明白了对唯一的造物主上帝的信仰对这个小男孩来说是行不通的。因为伊甸园里并没有对他来说唯一可能的造物主——母亲的形象。

男女之间的第一种相遇体现在母子之间。没有这次最初的相遇，就不会有人类的发展，也就不会有男女间所谓的第二种类型的相遇——这次相遇会使他们日后成为父母。不管孩子还是成人都不可避免地被第三种相遇吸引，就像外星人和史蒂芬·斯皮尔伯格给我们展示的那样：回到地球，只有通过找到人类最甜蜜的本源——与母亲的初次相遇，我们才会感到安心。此外，在斯皮尔伯格的电影中，故事都是围绕母亲吉里安（Jilian）寻找她被宇宙飞船劫走的儿子巴里（Barry）展开的。

○ 人类最美好的历史

人类史其实也是对人类起源力量的精彩绝伦的阐释。比如说在史前艺术中，小型人形雕像主要都是女性，新石器时期刻画的人物形象都在致敬丰满的身体，体现了人们对繁殖力的重视。反之，这些小雕像十有八九是由男人勾画或雕刻的。这可能涉及地中海的母系社会传说或圣母无染原罪信仰。圣母无染原罪理论于17世纪由英国神学家坎特伯雷提出，遭到了托马斯·德·阿坎（Thomas d' Aquin）的强烈反对。圣母有两个神秘的作用：将长着上帝面孔的儿子带到人间，并且充当儿子与人间奥秘之间的说情者。母子关系特点在于爱的印记和理想性，这点我们下文会细说；母子关系同样具有馈赠的意义。精神分析学家弗朗索瓦丝·多尔托（Francoise Dolto）曾这样写道："青春期时，我很反感对圣母的礼拜。我甚至因此想变成新教徒，但我很快意识到圣母玛利亚象征着母亲：一个女人所拥有的最大的天赋，不求回报，也不自恋。"

埃及神话

古埃及历史始于奥西里斯的统治，他是神、王和人的统一体。奥西里斯被看作是一个宽厚仁慈、拥有无穷无尽智慧的伟人。他的任务一完成，便立他深爱的妻子伊西斯为后。被皮埃尔·洛蒂称为埃及明珠的菲莱神庙就是为伊西斯女神而建的，神庙位于每年都会泛滥一次、使人重生的尼罗河口。但伊西斯的故事远不止于此。在奥西里斯被他弟弟赛特谋杀后，伊西斯用爱的力量重新聚合了丈夫分崩离析的部下，并且复活了奥西里斯。伊西斯与奥西里斯有一个儿子荷鲁斯。荷鲁斯成人后经过漫长而生死未卜的斗争终于杀掉了篡位者，夺回了父亲的事业。如果伊西斯没有用她的魔力复活她的丈夫，并且生了一个为他复仇、继承他事业的儿子，那古埃及人的历史还能够延续吗？

通过这个神话我们可以了解女人首先是母亲，一个生了儿子并且可以复活丈夫的母亲。如今有多少女人嘴上说深爱自己的儿子，但是她们还有“另一个孩子”——她们的丈夫要照顾。

希腊神话

希腊神话中世家传奇的情节更为曲折。克洛诺斯知道他将会被他的一个儿子赶下王位后，便在每个儿子出生时就把他吞到肚子里。到了宙斯出生时，克洛诺斯的妻子瑞亚用襁褓裹着的石头代替了宙斯。克洛诺斯没有意识到自己被骗，奥林匹斯山至高无上的王，众神及众人之父就是这样死里逃生的。

在皮提亚向拉伊俄斯宣告，王后的儿子俄狄浦斯将会杀父娶母之前，母子关系被视为维系生命不可或缺的关系，或多或少地将父亲排除在外。

宙斯和他的妻子赫拉以及他们的婚生子阿瑞斯（拉丁神话称作马尔斯）的故事可以作为第一个故事的延伸。古希腊神话告诉我们儿子可以很像母亲，也可以说母亲可以在极大程度上决定儿子的性格。热衷战斗的阿瑞斯，被内心的冷酷无情驱使，时而被刻画成拿着可刺穿最厚重盾牌的长矛的形象，时而是用金色缰绳驾驶马车冲击万人压境的敌军的形象，他真正继承了他那位爱挑事的、性情古怪的、唯恐天下不乱的母亲的衣钵。

但古希腊神话同样教导我们男孩从很早开始就需要运动，需要展示他们的阳刚之气和力量。有多少女人用骄傲的口吻称他们的儿子是个“真正的小恶魔”！勒托和宙斯的儿子阿波罗刚出生，众位女天神就发出了兴高采烈的欢呼声。其中的法律和正义女神忒弥斯从奥林匹斯山下凡，将神酒送给了刚出生的阿波罗。被母亲包裹在轻柔襁褓里的阿波罗尝过这种神水后，便不能控制自己体内巨大的能量和冲动——这时他才刚刚出生四天——这就是后来斩杀藏在巴那斯山洞中恶龙的英雄。

从更广义的角度说，并不是所有的母子关系都是快乐和谐的，也有糟糕的情况，有代表性的文学作品展现了两张对立的面孔：宽容、和蔼、哺育孩子的、充满生命力的母亲的面孔，以及暴力的、贪婪的、充满危险甚至死亡气息的母亲的面孔。人们应该还记得欧里庇得斯的悲剧《酒神的狂女》中彭透斯王的母亲阿加佩，她在被鬼魂附体时撕碎了她的儿子。

基督教文化

天主教堂最美的圣歌之一是这样唱的："在我们的生命中与你一同探寻神的脚步，圣母玛利亚。"这句歌词是母子关系很美好的一个体现：打造理想型的男人要通过母亲。锻造男人品质的不是父亲而是母亲，虽然父亲的角色也很重要。就算父亲的角色和权威对男孩的成长能有幸重新被肯定，母子关系的重要性在犹太—基督教文化中还是占有一席之地的。导演保罗·帕索里尼（Paolo Pasolini）的电影《马太福音》中圣母玛利亚的角色象征着谁呢？他自己的母亲。

再没有比意大利文艺复兴时期更重视母子关系的艺术时期了。不计其数的圣母玛利亚和圣童耶稣的肖像表明，在深受基督教文化影响的地方，母子其乐融融的场景激发了强大的灵感，当时的人们想以人文主义精神复兴古希腊—拉丁文化。谁会不记得波提切利的名画《圣母子像》（*La Madone du Magnificat*）呢？画中圣母玛利亚和他的儿子专注地对望。《圣母子像》启发了其他的著名绘画流派，比如早期的弗拉芒和尼德兰绘画，但意义最深远的是16世纪的意大利文艺复兴，1501年，米开朗基罗在佛罗伦萨见到了列奥纳多·达·芬奇的素描草图《圣母子与圣安娜》：这幅完工于1510年的“神圣的对话”出色地勾画了母子之间的无限柔情。

世界性的关系

母性的象征，特别是母子关系的象征并不局限于西方文化中。在非洲的绘画和雕塑以及日常生活用品（滑轮、弹弓、梳子、高脚杯）、权力的象征物（权杖、权凳）或者农具中，都会出现母性的象征。在多贡社会，有象征意义的女性祖先的雕像表现为背着孩子、手里抱着孩子喂奶的形象，而且这尊雕像同样由女人看管。

但在以较长的哺乳期和近距离身体接触闻名的社会中，

母子雕像的力量和多样性丰富了这些地区的形象艺术。人们在展览明细和介绍非洲艺术的书籍中统计出了大约600尊母子雕像。这些雕像可以让我们透过文化习惯清楚地认知他们的生活方式，孩子和母亲关系的地位。但与16世纪意大利文艺复兴时期的画家相反，非洲的雕塑家并不打算表达母爱或子女的爱，尤其是在传统雕塑中。为什么会这样？这与人生的头两三年母子关系最亲密的文化有关吗？其实是因为在非洲，生育不是个体的事情，而是与女性生殖力的总体原则密切相关，甚至可以说与土地的肥沃程度相关。

有时一个细节会证实这种相关性的力量。在一些班巴拉雕刻家塑造的母性形象中，紧紧抱住孩子的母亲的身体比例是失调的；还有一些雕塑对孩子的处理让人目瞪口呆。母亲与孩子间相依为命的关系在喀麦隆雕刻家芒比拉（Mambila）的作品中也有所表现，在他的作品中，母亲的肚脐被孩子的掩盖了，不由让人想起母子间由脐带连接的最根本的关系。

如果我们仔细观察雕像中的母性形象，会发现孩子的身体与母亲是混在一起的。在另一些民族中，孩子的形象会被刻画为正在吸吮知识乳汁的少年，因为他们的启蒙教育时间太长（学会做塞努福人的波洛[1]面具需要21年时间）。母亲和孩子千变万化的体形和姿态体现了这些民族对社会文化和规则的尊重。这难道与孩子和母亲都喜欢这种或那种品牌的小蛋糕之类的现代广告有什么不同吗?

一个得到满足的心愿

当我们告知一个母亲她即将诞下男孩时，她的脸庞是容光焕发的。为什么？为什么这好像达成了她的什么心愿一样？因为儿子的降临满足了她所有的幻想：作为她父亲的宝贝女儿，“送给”了她父亲另一个与他相像的后代；作为她丈夫的妻子，她在一个创造性的同盟中给丈夫带来了一个盟友，同时也是一个对手；成为一个男孩的母亲，将会实现她作为女人做不到的事情，比如对她父亲来说她做不到的事，或她对丈夫不能随意说出口的话，以及她对自己的遗憾——所有这些缺憾和她所有的期望都被她的儿子满足了。

我们明白不能以同样的方式感受母女关系和母子关系，到了第三个或第四个男孩出生时，母亲就不会那么激动了，更别说她可能担心被儿子们的小团体排除在外，害怕雄性骚动引起的疲惫，甚至会因没有女儿而失望。

1 波洛（Poro），是分布于西非几个国家如塞拉利昂等地的塞努福人对男子的启蒙教育，自男童 7 岁始，共三个阶段，每个阶段需要 7 年。——译者注

丧子之痛

想到失去儿子的母亲所承受的痛苦，我们怎么能不感到恐怖呢？所有其他的痛苦与母亲最大的悲剧相比都不值一提。我现在还记得一位母亲向我诉说在她儿子意外去世后，她有多么怀疑人生，这些话她对其他任何人包括她丈夫都无法开口。她想过理解，尝试过理解，但是她整个人的状态好像都在拒绝。对母亲来说儿子的葬礼会年复一年地持续，即使有许多人表面上慢慢地能面对那场让她们痛彻心扉的悲剧。

罗丽·阿德勒（Laure Adler）将这种痛苦描述得很清晰："在洗澡的时候我取下了手表，手表是我爱的男人送我的，艺术家在表盘的半圈刻上了'今晚见'的字样。我看到表盘完全被水汽遮住了……人们说恐惧情绪会分泌有毒物质。'今晚见'好像被磨得不见了。但日期却清晰可见。

"7月13日。雷米的忌日，他已经去世17年了。

"接下来要写的文字立刻就浮现在我脑海里。他在夜晚出现了……我写下这些不是为了怀念，也不是为了减轻痛苦。我知道痛苦已经伴随我17年了，并且会伴我终生。"

第二章

一段非常特别的关系

无论男孩还是女孩，孩子永远都不会忘记自己的母亲。生活中充满了幸福的时光，但在孩子的成长过程中，母子关系还是会充斥着冲突、严重的分歧和伤痛。我们会发现母亲与孩子之间没有永恒的爱。我想在此介绍我同事写的一篇关于他与母亲关系的、可作为证词的文章，虽然这是一位20世纪50年代出生的母亲，但从那个年代的社会观点来看，她在某种意义上可以代表当时所有母亲对儿子的态度，她可以让你想起人生中对你有积极影响的那些人。在我看来，这篇新闻形式的文章《我的母亲，最好的老师》对伴人一生的母子关系的阐释比任何评论都要精彩。

一生的羁绊

我离开办公室，回家的途中经过花园，一道全新的风景让我目不转睛，随即又呆若木鸡：我母亲拄着拐杖，在花园里闲逛。这还是破天荒头一回。她转身面向我时，我几乎可以透过漫长的几分钟看到她迟缓的步伐。在这短暂的一瞬间，我仿佛看完了一个人的一生。

几个月前，我们就已经觉察到她的生命力在逐渐衰弱，她出门越来越犹豫了，溜达的次数也越来越少。

我妻子这几个月来一直建议她拄拐，但是不是作为正宗旺代人的自尊和骄傲让她拒绝所有拐杖之类的辅助器具？

到底怎样才能使她下决心向前迈一步呢？这几分钟足够绕公园一圈，也令我仿佛看到了所有人晚年生活的画面。

对其他人的爱和尊重是她一贯的生活准则。我从未见她妨碍过谁的自由。她永远都能满足身边人的意愿，先是我父亲的，然后是我的。对别人完全以自我为中心的想法和行为，她也总是做出让步。

我年轻时，有时会因看到她“低眉顺眼”的态度而勃然大怒，尤其是我父亲从工厂回家后，她先把啤酒小心地倒在专属于他的略微倾斜的大啤酒杯里，然后把布鞋放在他脚边。

她从来不会表达哪怕一点点对周末的期待。我们一成不变地去12公里之外的奶奶家团聚，准确地说是一家咖啡馆。那里的客人从早上6点就开始涌入，直到晚上11点才回去——在他们还能回去的时候。我经常被放在门口的排水沟前，把我放那里的要么是父亲，要么是管理这群渴求面包之人的奶奶。

我从那时起认识了我们的邻居布里让一家。在我看来，他们和这些勉强度日的“半兽人”比起来特别有文化。

作为独生子，我的所有假期都是在这个“高端场所”度过的，没有任何伙伴，如果不算道口看守员的儿子的话。他是一个非常聪明的人，因为他经常去参加吕松市（Luçon）的研讨会。我对葡萄酒工艺的兴趣应该也是从那时开始培养起来的。我母亲应该很清楚我们这种生活的弊端，但我们家微薄的收入完全不允许我们考虑其他的活法。

放假的时候我父亲永远都在旺代省钓鱼，而我母亲则摸黑织一些马甲、毛衣等根本穿不了的过冬衣服。到开学时，我的穿着绝对能毫无疑问地吸引所有同学的眼球。

虽然我母亲很骄傲能在衣服上节省开支，但她并没忘记送我一个新书包。我花了好几年时间才弄明白这件精美绝伦的艺术品是父亲在我睡觉时构思并制作的——他把他们皮革厂的边角料捡了回来。我父母非常自豪能给我做出一个所有学生都想要的独一无二的书包。对他们来说，这个书包绝对是我得高分的重要原因，因为它保存了我所有珍贵的学习资料，有这些资料我才能好好学习，在班级永远名列前茅。

这是我感谢父母的方式，主要是感谢每年都会在颁奖典礼上拿着我的奖杯喜极而泣的母亲。那些嫉妒的目光和真诚艳羡的赞美让她很开心，但她从不会因此骄傲自满。

她在大约五岁时离开学校，不久后到雇佣她的佃户家里生活，或者说剥削压榨更准确一点。识字是她自学的，她很骄傲能在唯一的儿子身上实现自己的梦想。没错，我知道一直重复使用“骄傲”一词不符合法语的行文习惯，但不管你们怎么想，我实在找不到更合适的同义词了！

在我们回12公里外小村庄的路上——尽管颁奖典礼刚结束时大家都不发一言，只会心照不宣地用眼神交流，但只要车子一发动，我的母亲就已经开始品读获奖作品了，好像她想以此弥补那段失去的光阴。

每个母亲节，我母亲都会毫不犹豫地接受新的钓鱼竿作为礼物，虽然这鱼竿只有我父亲会用，他是我们家唯一爱钓鱼的人。或许那些年她会喜欢新的编织针或几团毛线，或许吧！

我从未听她发表过与我父亲观点相反的任何意见或观点。随着我逐渐长大，我开始建议她在我父亲说话时发表一下意见。她总是被这个建议惊到，并以“爸爸肯定是对的”来打发我。

然而我很快就开始怀疑这条假定的绝对真理。但应该如何对付这只“金凤凰”，这位皮科·德拉·米兰多拉（Pic de La Mirandole）呢？我母亲发现了一个妙招，实现了让自己继续躲在影子里而让我开口的壮举。在我户主父亲的每一句宣判后，她都立马把皮球踢给我：“那你呢？约约，你是怎么想的？”“约约，如果你是爸爸你会怎么做？”

唉，轮回就是这么开始的。儿子继续存在，母亲还是躲在影子里。可能就是自那个时候起，我上了人生中第一堂心理治疗课。

我曾经希望我今后的老师也一样出色，但情况根本不是这样，除了那对让旺代觉醒并在这个地区“创立”精神病学的夫妻。我们怎么能把母亲的家教和才华横溢的巴黎分析学家夫妇的教学做对比呢？我倒是从H.先生圆润宽厚的脸庞上看到了与我父亲一样坚定的表情，这种表情是睿智的人独有的。

我从H.夫人迷醉人心的灿烂微笑中同样看到了宽容的魅力和平和的镇定，当然这些特质同样属于睿智的人，但是属于睿智的人中会允许你表达自己观点而不会粗暴打断你、取笑你的那些人。在下一次发言时，她的鼓励对我来说意味着我正走在正确的道路上，我可以坚持自己的梦想，梦想着有一天可以与她一样出色，未来的事谁知道呢？

在她身上我发现了我考砸的时候我母亲表现出来的态度。当然，这种时候很少，但因为少，反而更让人沮丧和伤心。我身上与未来精神疗法医师的骄傲所差无几的小男孩自尊心正在悄然生长。但母亲的爱与妮可·H.热情洋溢、无处不在的关怀一样，永远可以让我重拾信心，继续前进。

如今母亲好像完成了任务一般，喜欢在我度假时来我家住，接电话，预订约会。我会从世界各地给她打电话确认她的健康状况，而她的头几句话永远都是一样的：“为什么行不通呢？听着，其实，M.夫人打电话来了，她身体不太好但我建议她继续治疗。我对她说开始的时候应该忍着这些小病小痛……我做得还不错吧，嗯！”

就是这样！和平时一样，别人的幸福和健康永远比她自己的重要。

她从来不打算去她医生儿子家之外的地方度假。她由此继续扮演着母亲和心理治疗师的角色。她的教育与H.先生和H.夫人的教学一样，让我永远铭记于心。

H.夫妇已经退休三四年了，这是多么合情合理的一件事，但我的母亲，在88岁的高龄依然在教我如何做人。

被掩盖的欲望

母女关系与母子关系最显著的区别就是母子关系是以早期性感化为支撑的。正如贝阿特丽丝·马尔博-克莱朗(Beatrice Marbeau-Cleirens）所证实的：“由于母亲的女人味唤醒了儿子的性别意识，母亲被儿子色情化了。难道母亲在每天慷慨赐予儿子的肉体照顾与她女性身体的生理规律这两方面不具有色情意味吗？男宝宝和女宝宝的主要区别就在于男孩与母亲间的色欲关系。相较母女关系，这种色欲关系会让儿子对哺育保护他的母亲更加依赖。”由此，精神分析学理论和心理学研究结果都证实了从婴儿出生开始，母亲对男孩和女孩的肢体动作就是不同的。同样，与女儿相比，她们会更适应儿子的身体规律、睡眠规律以及儿子表达意愿的方式。

除了母亲行为的不同，男孩的性别会使他在母亲身上产生倾慕和古怪的混合感情，而对小女孩来说，她与母亲感受到的肉体感觉是相同的。显然，从一开始母子间就存在异性爱的端倪，尽管母亲在克制这种情感。另外对一些精神分析学家来说，不知道自己色情意味的母亲是著名的男孩“脆弱性”理论的根源。“脆弱性”理论通过研究一群来咨询心理问题的孩子得到了证实，脆弱性的产生可能涉及断奶期，奶妈的到来或去上幼儿园，男孩和女孩都一样忍受着与母亲接触减少的痛苦，他们害怕躺在妈妈怀里的爱的时刻会消失，但男孩会更明白母亲通过吻和私密的肉体照顾给予他的被动色欲快感已被剥夺。从统计学的角度看，男孩“脆弱性”的产生应该还有许多其他原因。

○ 一个令人难以置信的缄默：弗洛伊德与他的母亲

精神分析学之父终其一生都饱受神经官能症的折磨，因此他一直研究幼儿期关系中极强的、无意识的固恋，他极少谈论他与“亲爱的母亲”阿马利亚（Amalia）的故事，这一点令人惊讶。他更愿意谈论他的女病人对父亲的性幻想，而不是男病人对母亲的性幻想。是不是因为那样会过度曝光他自己的幻想？至少我们可以考虑这个问题。在这一点上，精神的征服者弗洛伊德仍然是“一本打开的但秘密合着的书”，就像他最后几本传记描述的那样。

从那时起，精神分析学家便出人意料地对弗洛伊德与母亲的关系置之不理。在法国只有阿兰·德·米若拉（Alain de Mijolla）提到了这个问题的几个主要方面，但就我所知，也只有美国精神分析学家黛博拉·马戈利斯（Deborah Margolis）的一本书是完全致力于讨论这个话题的。这本著作的观点是阿马利亚很为儿子骄傲，她在儿子身上倾注了一种强大的自恋式的心血。作为回报，西格蒙德完全抑制了对母亲产生的侵略性以及性成熟前的冲动，他应该是只保留了母子间著名的俄狄浦斯情结的积极一面：“在母亲怀里的孩子，”他另外写道，“是所有爱情关系的典型。总的来说，发现性目标也就只是认出它而已。”此外，弗洛伊德谈到了教他读书写字的亲爱的母亲，显然，也谈到了他最初的性欲：“我还发现不久后（两岁和两岁半之间），我的性欲被唤醒了，我开始对我母亲有性欲，那是在我和她从莱比锡去维也纳旅行的时候发生的，就在那时我看到了她的裸体。”很多人都会注意到他在“母亲”和“裸体”这里使用了拉丁文用法，这种表达方式体现了作者的羞怯。

我们无法否认人们听懂、看懂、学习和理解弗洛伊德的渴望与他和母亲的关系是密不可分的。然而，阿马利亚被他孙子马丁形容成“龙卷风”，很难与之相处，毫无耐心，被与她一起生活多年的孙女朱莉·伯奈斯·黑勒（Julie Bernays Heller）形容成这样：“任性而精力充沛，意志力坚强，无论大小事情都坚决要得到自己想要的……有效率、有能力且以自我为中心……是个暴君而且是自私的暴君。”反之，比妻子大20多岁的弗洛伊德的父亲是个宽厚的男人，而弗洛伊德作为孩子，会在想象中自问这位他出生时已41岁的新手父亲与21岁就生下他的年轻美丽的母亲会有着怎样的关系。

○ 触碰不再是玩笑了

某天，一位母亲向我诚恳地诉说：“我再也不能吻我儿子的嘴了，这会让他感到尴尬。”我的反馈是：“我希望你能理解。”她也对此表示同意。母子或父女间的接触在某个时刻变成了一件严肃的事——触碰不再是玩笑了。在什么时候呢？你们可能会这样问我。母亲从什么时候开始就应该抑制自己的爱了？虽然一般情况下对她来说这份爱是不掺杂半分暧昧的，但从她感觉到儿子不舒服那一刻起，她就不应该再坚持了。

在大家的人际关系生活中，触碰是最基本的动作，但触碰只存在于被禁止的时候。“别碰那个，你会伤到自己。”“别碰那个，你会弄疼别人的。”母亲对她儿子这样说的时候往往意味着存在触碰和触觉。禁止触碰的领域首先很直白地包括受伤、烧伤或割伤自己的危险，此外还象征性地反映了两个根本禁忌：谋杀和乱伦，并且在这两种情况中以预防过度兴奋及其后果——冲动的泛滥——为目标。当触碰穿透象征性界限及其升华的核心，反抗就会变成行动，在这个行动中，精神分析学家眼中能完美掩藏无意识乱伦欲望的柔情就会消失。

显然父女关系也是如此，只是程度不同。在父女关系中，当女儿处于青春期时，女人味开始凸显，女孩的身材会比男孩更早熟，变化更明显，这时通常是父亲先为女儿对他的诱惑力感到羞耻。他对女儿的自发性克制比母亲对儿子的自发性克制要强得多，这就是男女在处理情感倾向和文中体现的性倾向间的平衡时的区别。我经常听到少女或年轻姑娘说她们父亲的目光会让她们感到尴尬，但我从未听过一个男孩这样说，我遇到更多的则是因已成为少年的儿子看自己的目光而不自在的母亲。

○ 秘密

儿子真的更愿意与父亲分享秘密，而不是母亲吗？童年甚至青春期时的情况绝对不是这样。就算对女儿来说也是一样——女儿一直都会更喜欢向母亲倾诉。从青春期结束开始，男孩可能会偶尔转向父亲，但总体来说，他会越来越不相信父母。当然，与女孩相比，男孩在自认为私密、伤心或禁忌的话题上与母亲聊得更少，但归根结底，无论孩子是什么性别，绝大部分情况下他选择的知心人都是母亲，而且一直是母亲。

不论我们是儿童、少年还是成人，男孩还是女孩，男人还是女人，秘密都会影响我们的内心、感情和家庭生活。无论是知晓内情，还是掌握国家机密：秘密意味着沉默、负罪感与权力，也同样意味着默契和从分享中得到释放。秘密蕴含的未明之意，根据每个人赋予他所掩盖的秘密的价值而不同。秘密会保障我们的心理自主权，确保我们的个人自由。我们每个人都有一个私密而不可侵犯的领地，这块领地不应该被别人窥视。秘密还有一个积极作用：每个人和每个集体都有权拥有一个私密空间，这是他们生存和发展的条件。当被故意隐瞒的内容是直接关系到一个人、一个家庭或一个更重要的组织的某些事实时，秘密则会成为伤痛和苦恼之源。

在儿时，我们经常会玩“妈妈，我有个秘密”的游戏，或者会说一些小谎言、犯一些小错误。违抗命令的小举动会变成一些“太过沉重”的秘密以致我们不能保守。而到了青春期时，在各种类型的社会中，所有涉及性的东西都会被涉及性生活和私生活的禁忌所支配。因为秘密的重要性，人们从来不会内心毫无波澜地吐露它。

要说些什么，向谁说，什么时候说？孩子不会本能地对秘密有所判断，这种判断是随着年龄的增长形成的。对孩子来说母亲毫无疑问是最好的知心人，但事实上，在部分情况下，将来他最要好的朋友或恋人会代替母亲。但是所有的母亲都应该知道即使那个秘密看起来无足轻重，向别人倾吐一个秘密就意味着坦白，意味着信任，也意味着任凭别人支配，因为说出去的话是不能被收回的。这也就是为什么当秘密被泄露时人们会有被背叛的感觉。如果保守儿子秘密的母亲不经他同意便把秘密揭露出来，就构成了暴力行为。

然而成年人也会有秘密。很多心理学家和精神分析学家都曾谈及他们自己的观点：关于教堂地下室（埋葬不可告人的经历），关于世代相传的灵魂（世代相传的家族秘密），或者葬礼恐惧症（无法承受心爱的人的葬礼），孩子特别是男孩很有可能会成为受害者。

人们经常讨论身世的秘密，很多人认同一个天真的观点：我们应该尽早对孩子说出所有事情，这就够了。当然，或早或晚，孩子会不可避免地发现这个秘密，他永远都会为父母对他隐瞒真相而愤怒。但说出秘密的方法要得当，时机要合适。当我们可以不紧不慢且镇定自若地回答孩子的所有问题时，才是向他展露他出生秘密的好时机。这件事情上母亲扮演了主要角色。

对于法定父母（之一或双方）并不是生物学意义父母的孩子，由医疗辅助介入生育的孩子（人工授精、捐精、捐卵、代孕母亲——一些在法国被禁止的手段以及我们将来会发明的所有方法……），不是亲生父母抚养的孩子（有意或无意），母亲匿名分娩生下的孩子，因乱伦出生的孩子，等等，父母会避而不谈孩子的身世。于是就有了一个呼吁孩子了解自己身世的运动。1989年11月20日通过的《国际儿童权利公约》明确提出："在可能的情况下，儿童有认识自己父母并被其抚养的权利。"（第7条，第1款）有些人把对"在可能的情况下"的解释限制为可能的技术，也有些人认为还应该考虑心理上的可能性。我们建议养父母在养育孩子时告诉孩子他们是被收养的，但"收养"一词随着孩子成长对他们的意义是不同的，而父母只能对孩子说清自己所了解的收养是什么。这件事上我们触及了一个敏感话题。电影《无家可归》（*Displaced*）的成功就证明了这一点。但除了这个建议之外我们也没有什么别的办法。我们没有提及的是，从被收养孩子的总数看，不惜一切代价想要找到亲生父母的孩子还是非常少的，虽然大部分被收养的孩子都有这个愿望，尤其是当他们到了青春期的时候。

母爱千变万化的模样

母子关系是独一无二的，并且正如弗洛伊德认为的那样，“建立在自恋的基础上，以后的任何竞争都不能影响它”。当然各种文化观念也要被考虑在内。

如果想知道你是哪种类型的母亲，请翻到本书最后做测试。

在无数人心目中的人间天堂塞舌尔，有相当一部分孩子不知道自己的父亲是谁。儿子，特别是长子，通常会是“母亲一生的男人”，并与后来的继父形成竞争关系。他也会成为某种形式上的替罪羊，母亲会在他的身上报复，发泄他父亲让她遭受的挫败感和失望情绪。

一直以来，“原始”文化教给我们的和对现代风俗的社会学调查一样多。无论是在塞舌尔文化中、现代电影中还是在生活中，母亲对儿子来说可以根据每人性格不同或多或少或是同时具备如下品质：高尚善良、亲切热情、强势又保护欲很强……占有欲强又能引起阉割情结，甚至是胆小或漫不经心。

就算母爱的面孔真的千变万化，我还是在个人生活尤其是职业经历中遇到了一些有代表性的形象。

○ 幸福和蔼的母亲

你们有没有见过即将与儿子分别几天或几周，陪儿子上火车或去机场的母亲？你们有没有见过她的宝贝儿子回家时这个母亲是什么状态？在前一种情况下，幸福和蔼的母亲面对儿子时，她会微笑，只要儿子不犹疑，她还会拥抱儿子。她显得很高兴，是为了让儿子开心地离开，或者让他放心——如果儿子显得很担忧的话。在他的朋友们面前，她不会亲吻他，也不会不厌其烦地高声叮嘱他。她会很认真谨慎地核对他是否忘带了什么东西，并指出几个当他独自一人时能找到自己所需物品的地方。当儿子回来时，虽然她提前到了，但仍会在其他父母面前保持镇定，尤其是在那些最激动不安的、不由自主地讨论他们对儿子担忧的父母面前。在自己的内心深处，这位母亲会暗想：“我要和他团聚了，就要见到他活生生的人了，多么幸福啊！”她会揣测他是否一切安好：他变了吗？他会穿什么衣服呢？如果丈夫陪同而来，她还会与丈夫谈论这些，但她会避免显得太像“老母鸡”。当她瞥见自己的儿子时，笑容会在她脸上绽放，但她并不急于将儿子搂入怀中。她会让他慢慢靠近自己，选择一个他认为合适的身体接触的距离。她会帮他拿行李，询问他过得好不好，但不会用他不愿回答的问题的巨浪将他淹没。这位母亲清楚并且愿意接受这个事实：有些事可以说，有些事是不能说的。“总有一天他会说的。”她心想。这就是有个儿子的幸福之处：与他团聚，而且不敢去想这些在某一天会消失。

○ **温柔热情的母亲**

分别和重逢这两种情况是非常能体现母爱特点的。我们再次以此为例来研究一下温柔热情型的母亲，这样的母亲会在出发时对儿子说：“你永远是我一生挚爱！你是最美好的人！我每天都会梦到你！”她会带着情人般的热情和爱意紧紧抱住儿子，母子二人都会感觉到这个拥抱蕴含着某种暧昧情绪，但她不能自已，而且这还是特殊情况啊。如果她事后回想一下的话，所有的暧昧就都消散了。几天后，当火车快进站时，她的思想又重新被这热情洋溢的爱占据：“有个儿子是一笔多么大的财富啊！等待我的小男孩是一份多好的礼物！能拥有这个孩子的我是多么幸运啊！”他出现了，令人目眩神迷。他比离开的时候更帅、更高、更自信了。

○ 保护欲强又强势的母亲

一个母亲有各种各样的理由变得保护欲极强而且强势。她可能害怕第三个人对儿子有不好的影响，包括孩子的父亲、她自己的母亲、品行不端的朋友或组织、误人子弟的老师，等等。生活环境也会使母亲产生这种态度。

吉罗姆8岁的时候失去了父亲，他的母亲玛丽安娜不得不独自抚养两个孩子：小儿子吉罗姆和13岁的大女儿朱莉。这个大女儿毫无疑问像她父亲，性格强势，独立自主，学习成绩很好，很快就进入与母亲的对立状态中，这种对立包括对吉罗姆的教育方式，而孩子们的爷爷奶奶也支持大女儿。朱莉的性格、存在感和学业上的成功快要把她弟弟压垮了。可能因为与女儿和公婆的复杂关系，也为了保护小儿子，玛丽安娜在小儿子身上发现了同她自己哥哥一样的敏感性格，她觉得有必要强势地保护她的"小男孩"去反抗他姐姐和爷爷奶奶的权威。她完全能够意识到自己的态度，但事后回想起来她一点儿也不后悔——即使有时她会强烈怀疑自己。吉罗姆这个普通而懵懂的学生无论在学业还是感情上都被母亲的羽翼保护着，母亲克服了很多困难，一步步帮他通过了高考，使他可以投入大学生活中，没有因遭受太多打击而留下心理阴影或变得不自信。

○ **占有欲强而引起阉割情结的母亲**

在伊夫·罗贝尔和让-卢·达巴迪的著名姊妹篇电影《大象骗人》（*Un éléphant ça trompe énormément*）和《相会在天堂》（*Nous irons tous au paradis*）中，居伊·贝多和玛尔特·维利亚隆加间的冲突被完美地表现出来，这种冲突会让人会心一笑或是放声大笑。居伊·贝多扮演一名医生，他的母亲会在他问诊时打断他，只为和他说她的个人问题和健康状况；如果他不管她或者向她表达出他在工作，他母亲就会认为他是个不孝子。这个人物形象通过讽刺和幽默的手法向我们展示了反抗这么有侵略性的母亲有多难，也向我们展示了他在生活中想得到认可有多艰难。

一个朋友曾经对我说他青春期时不愿面对他的母亲，因为她性格太强势，太独断专行。他外出时一直都瞒着家里人，直到有一天被发现了……他与朋友们一起回的家——而那天他本该在家。他目睹了一场车祸，之后参与了对乘客的救助并且报了警。因为尚未成年，警察要他作证并且电话通知了他的父母。他母亲回答警察说这不可能，因为他儿子一直躺在床上……误会持续了一会儿，接着他愤怒的母亲就亲眼看到了儿子连夜离家出走这个真相。当我朋友回家时，虽然他已经料到了大家会对他“热烈欢迎”，但他母亲出乎所有人意料地对他表达了祝贺：“你做得很好，表现很好，也无疑救了很多人的命。只是你应该向我承诺：你以后永远不会不辞而别。”这场车祸来得太突然，以至于现在他才明白了一些事情：他不再试图让母亲理解他马上要满18岁，总体来说已经是个理智的男孩了，她完全可以信赖他。他选择了再一次逃避面对母亲并且依然不告知她就外出。

一个占有欲强而引起阉割情结的母亲，在看到儿子逃离时会表现出强烈的痛苦情绪。她所有的情绪都是为了证明儿子不能没有她，她还会公开说：“男孩不像女孩那么机灵！”她可以随时随地给儿子打电话吗？如果他遇到问题可以联系母亲吗？他会怎么处理衣服呢？他的脏内衣和袜子怎么办呢？对孩子来说只有两条出路：逃跑或者微笑。如果他离开几天，一种无法摆脱的想法会一直折磨她：“我让他走是对的吗？我真不该这么做，他还太小，这不是他该去的地方。”她的脑海中每天都会出现好几次想听到他声音的愿望。“为什么大家不让我每天早晚给他打电话，这对母亲来说是很正常的！”临到他回来的前几天，这位母亲就坐不住了。等待使她回想起她分娩的时刻，一件让人烦恼、渴望又兴奋得丧失理智的事情。她对自己有了认识——她处于一种犯弗洛伊德式错误[1]的状态中，比如去车站迟到。不，她已经到了。那他呢？他会怎么样？他会像离开时那样安然无恙地回来吗？那些他经常交往的人不会影响他吗？如果火车晚点了呢？太不可思议了，永远没有人为你解答。火车终于进站了。每张与她视线有交集的面孔都不是她所爱之人的，于是痛苦被放大了："如果他发生了什么事怎么办？"突然，他出现了，就是他！感情如潮水般涌来，泪水布满了她的脸庞，但儿子说的第一个词就是："妈妈。"唉！

○ 胆怯冷淡的母亲

我们都知道当涉及描述全人类的行为时，卢齐诺·维斯康蒂（Luchion Visconti）是个天赋异禀的导演，他对人物的心理描写十分细腻。在《死在威尼斯》(*Der Tod in Venedig*)中，就有一个很典型的胆怯冷淡的母亲形象。这种态度在大部分情况下是自我防卫性质的，于是从外表看起来就会很奇

---

1 弗洛伊德式错误，又称动作倒错（para praxis），由弗洛伊德最早提出，他认为一个人平时不经意出现的口误、笔误等差错并不是无意义的，而是受到其潜意识的影响。——译者注

怪。对于我提出的“当你儿子不在的时候你会想他吗”这个问题，一位这种类型的母亲回答我：“当你和我谈起他的时候，我试着回想他的脸，但本能地想不起来。我感觉不到我是母亲，但是在内心深处我知道他对我很重要。”接着她用真诚且悲哀的语气说：“其实我也不知道我是因为他本身而爱他还是为我自己爱他……”看起来很疏离的母亲，包括对儿子也有距离感的母亲通常都是很焦虑的，有时甚至是消沉抑郁的。她们内心深处的不幸太过深重，以致她们无法顺其自然地表达自己对孩子的温柔和爱意。由于一些深刻复杂的原因，有些母亲在与儿子相处时会比与女儿相处时更不自在。

人们成为母亲有着各种各样的原因，并非仅仅是出于“对母性的崇拜”。成为母亲并不是一种身份，而是生命中的一份礼物。

第三章

没有永恒不变的爱

在面对孩子永不枯竭地发现世界的精力时，人们应该怎样看待他最大的愿望就是与母亲黏在一起甚至回到妈妈肚子里这个现象呢？为什么在孩子面对母亲的距离中我们看不到父亲的行动效果呢？当然，我们可以认为人类发展最大的危险在于母子的共生关系，但否认自然发展的秩序和人类相遇过程中不可预料的因素，也不考虑母亲可能自己就了解儿子离开她的必要性这个事实的话，这种精神分析学观点未免有点儿太狭隘了。

一些警句

让-德·奥梅松（Jean d’Ormesson）有一天想到

了关系破裂的主题，他写道："我在一段破裂的关系和另一段之间曾有点儿犹豫（埃莉诺与路易七世，缪塞与乔治·桑，福楼拜与露易丝·科莱，等等），突然我意识到一段永久破裂的关系已经在我生命中出现了，就像在其他很多人生命中出现过的一样……而且比其他任何事情都更令我震动，那就是：我母亲的离世。她的去世于我而言凝结了人世间所有可能的悲痛。我母亲陪伴了我那么久。她对我的偏爱简直不像话——她不厌其烦地原谅我的过失、我的错误、我的疯狂。因为她的存在就是为了爱我，所以任何糟糕的事情都没有发生在我身上。"

不过，在这种极端的破裂之前还会有一个不那么突然但必要的破裂。这个破裂往往发生在人生不同的时期，比如当男孩觉得自己有必要离开母亲的裙摆长成大男孩，然后成为少年，最后成为男人时。他对母亲越依赖，就越有可能在对母亲保持距离的阶段反常地引起冲突。即使我们是爵士乐爱好者，也不能指望任何人都能理解塞隆尼斯·蒙克的命运——他有很严重的心理疾病，而且终生（即使婚后）都与母亲住在儿时纽约的公寓里。

当然，当母亲送孩子去幼儿园或上小学时，小孩子都不愿意看到母亲离开，这就是分离焦虑。在孩子一岁半到三岁时发生是很正常的，这种母亲走远之后怕她消失的恐惧或多或少地以潜藏的方式伴随着人的一生。《追忆逝水年华》的主人公在跟与他形影不离的母亲去威尼斯旅游时，惊讶地发现当母亲快要离开时，他在自己那么倾慕的宫殿里只看到了大理石的“局部和数量”，而在其他时候看起来无比美丽的运河水此时对他来说只是“氢氧化合物”。他母亲走远的景象改变了他对世界的看法，令他忧郁不已，让他支离破碎。同时，主人公任凭自己被经过的小船上歌者的声音所吸引。就这样，他完全沉浸于旋律之中，与歌声融为一体。

○“我已经不是小孩子了！”

成长象征一种入侵行为，因为成长意味着夺取别人的地位。在或长或短的期限内，新的年龄层会代替旧的年龄层。英国精神分析学家唐纳德·温尼科特曾精彩地描述过这种征服性举动。在所有发展的基础上，特别是青春期时，存在一种谋杀性举动，即对父母的谋杀，一种象征性的、破坏孩提时父母在自己心中形象的谋杀，也就是毁灭孩子对父母的固有印象。

这种现象解释了为什么孩子在青春期与父母的关系会有很突然的转变。父母的存在对小孩子来说本是抚慰、平静和安全感之源；但在青春期时，同样的存在就变成了压力和不安的源头。如果对儿童来说，父母对他的亲密是使他安心的一个因素，那么对青少年来说，则是冲动的发源地。这个观点具有根本意义上的颠覆性，在很大程度上证实了青春期时关系重组和分离的必要性。

大部分母亲看到自己的孩子能独立都会很开心，即使她们同时会感到被抛弃、被遗忘，因为毕竟她们为儿子的健康成长付出了一切。这些多种多样的心理活动的结果从各方面证实了大家所熟知的“沟通”的难度。这种沟通很必要，但放松的沟通很少。虽然青少年要求被倾听和理解，他还是会害怕被揭开真面目，被识破。这就是为什么他时而摇摆不定、时而果断坚决、有时不可理喻以及转变观点的原因。但这些表现会使他们的父母陷入尴尬和不知所措的境地，甚至会激怒他们。

青春期是母子关系中最棘手的破裂期之一。男孩必须完成一项艰难的使命：与童年永别。在青春期的生理变化上又加入了另一个较大的转变：逐渐疏远甚至解除与父母共同构建、完善和经历的行为、关系模式、乐趣以及规划。这里涉及一种彻底的“童年目标”的失去，我们失去了母爱的庇护，更大的层面上来说失去了父母的庇护，这种失去是不情愿但不得不承受的，无论如何当事人自己认为这种失去是必要的。这种“与童年的告别”很显然是循序渐进的，并且永远不会结束，因为每个人终其一生的回忆、态度、性格特点和兴趣爱好都会与童年形成的习惯有着重要的联系。不过，与童年的告别对男孩发展自己的人格以及独立于亲属（特别是母亲）而言是很有必要的。母亲与父亲一样，反而会证明她不希望孩子成为青少年时还一直处于孩子的状态，但不要忘了这个大男孩仍然需要指引和建议，有时甚至是领导，特别是千万不能放弃他。

无论什么文化背景、什么年代，通往青春期的道路上永远都会上演分别的戏码。我们总结出那些最常经历的三个分别阶段：与家人分离；通过不同时间段的社会隔离或/和地理隔离形成象征性死亡；重生或再次融入新社会。在象征性死亡阶段，由于当事人自认的群体归属感，他只会与男性保持关系，他的实践都是为了摧毁内在的“小男孩”身份（可能会迷失在森林里，遭受来自新身份的考验，侮辱，虐待，肉体疤痕，沉默，恶习，等等），也是为了了解男人的秘密。这些实践体现了男孩与母亲之间必要的分离阶段。实践之后即是重生阶段，重生经常被描述成一个过渡阶段，这个阶段由象征本源的地方和重塑小男人身份两件事构成，这一次，这个小男人是由父亲象征性地孕育的。这次重生给了男孩一个独立的新身份，这样他就可以追求婚姻和父性作用：“母性让孩子在生殖过程中处于客体状态，而新身份的启蒙通过亲子关系将他的地位上升到主体，使他可以结婚生子，繁衍后代。”

○“坏妈妈！”

没有哪个母亲愿意从心爱的儿子嘴里听到这个家喻户晓的称呼。然而，这句话往往意味着这位母亲是个好妈妈。我们离俄瑞斯忒斯案已经很远了，他为了为父报仇杀害了自己的母亲克吕泰涅斯特拉（Clytemnestre）。他说：“是的，我杀了我母亲，这是正义的，因为她手上沾满了我父亲的鲜血，我是在发泄上帝的恨意。”这里，我们明显可以看出这个小男孩其实认为他的母亲是个“好妈妈”；否则，他心里就不会有好坏之分了。我们更能看出妈妈应该拒绝儿子的无理要求或者一时的任性。

另一种类似的亲子间的攻击则是：“我不爱你了！”这也意味着小男孩对母亲全面控制的愿望落空了——幸亏落空了。母亲应该学会对这种无限的权力说不，因为她有时也该知道照顾自己和其他人，行动自由，来去自如，甚至忘掉她的“小暴君”，想想自己的生活。

○“我母亲简直是个推土机……”

艾蒂安17岁了。他有时候很抑郁，这引起了他父母的警觉。在我问诊他之前，他母亲就来找我谈过他的情况。她是个精力充沛、感情丰富而且十分担心儿子的女人。艾蒂安很聪明，这还是他第一次考砸，甚至还说对生活失去了兴趣。八天后，我接诊了艾蒂安，他独自一人。他的第一句话就是："我母亲简直是个推土机。"我把这幅画面理解成骄傲和责备并存。艾蒂安很爱他的父母，但他觉得父亲很冷漠，只对他的学习成绩感兴趣；与此相反的是，他不知道怎样与母亲保持距离。"她不断地激励我，为我指明道路，我欠她很多，但直到今天，她还是忍不住控制一切——我的房间、我的朋友、我的出行……她对所有人都这样……我不怨恨她，但有时我实在受不了了。"

我们再回想一下《小拉鲁斯词典》中的定义："推土机：装有履带的机器，功率很大，在机器前方装有薄金属板，水平作业，用于清理地面和土方工程。"

○"我母亲太像老母鸡了！"

老母鸡似的母亲有三个主要任务：自寻烦恼，试图控制所有会逃离她的东西，给儿子用上一个比一个肉麻的爱称（"我亲爱的""我的天使""我的小鸡"……）。当一个男孩抱怨他母亲太像老母鸡时，我们难道不能幽默地说他的家庭氛围与养鸡场很像吗？两个地方都是一样的规矩，在预订好的地方进食，天黑准时睡觉。

艾默里克今年16岁，上高二文学班。去年，他的班级让他很失望，他感到自己被一个成员有男有女的小团体抛弃了，出现了抑郁反应。而到了上学期期末，他感觉好多了，并重拾自信，甚至可以对我诉说他对自己身体和腼腆性格的焦虑。开学后，他回来看我，跟我谈起了他的假期。他去了班上一个朋友的家，就在纽约附近。他对这趟行程很满意，因为他遇见了一位年轻的美国女孩，两人陷入了爱河，只可惜她住得那么远。然而，他对他母亲很生气。在他出发前夜，她才告诉他她要与他一起坐飞机，因为她要去美国出差。他很清楚她在撒谎：其实她就是担心他自己一个人坐飞机，尤其是他将一个人待在纽约机场，他朋友的父母以从不守时著称。他非常明白他母亲的担忧。她自己都承认她太像老母鸡了，但在这个问题上，在他这个年纪，她可以适当放松了。他很爱她，他可以原谅她过分的担心，但他对我说她也该理解他。因为就算有翅膀，在养鸡场里展翅高飞的难度还是显而易见的。

老母鸡似的母亲对小鸡来说是必要的，就像所有鸡窝里的小鸡一样，它们会盲目地追随母亲，让她喂养自己，继续保护自己，但是这个阶段不应该一直持续，而且在小鸡独立之时就该结束。对艾默里克来说也是一样的，他母亲从他“才这么大一点儿”的时候就开始孵化他，但现在他已经一米八六了。

○“我母亲太怕我不爱她了……”

有些母亲看起来像是被失去儿子之爱的恐惧萦绕，为了让儿子满意，她们随时准备付出一切。通常她们会无意识地营造一种完美母亲的形象，要么是因为她们觉得自己的母亲就是这样的；要么反之，是为了不让儿子重复她们遭受过的极大的缺憾。如果儿子抱怨她们的爱让自己窒息，她们可能就会认为儿子是个白眼狼。这些母亲有时会暗想对儿子不那么关心的母亲是不是会得到更大的满足。

随之而来的可能是个邪恶的游戏。这个游戏最大的风险就是在爱和暴力间摇摆不定。儿子致力于寻求一种他从未发现过的平衡和距离，并把精力投入对挑衅和无理要求的逐级攀升之中。还有一些母亲则通过无意但过分的需求表现她们对不被爱的恐惧，以保持一种情感上的依赖关系。以下是大卫给他母亲打电话的纪实：

“喂，妈妈吗？最近过得怎么样？”

“过得不错。”他妈妈答道。

“啊！不好意思，我打错电话了……”[1]

---

1 此处为反讽，因为这种母亲总是会提出许多抱怨和非分要求。——译者注

○**“我母亲总是想知道我在做什么！”**

母亲总会知道她的孩子在做什么。他在学校，在奶奶那里，在参加活动，等等。即使他没有牵着母亲的手，他已是母亲心理构成的一部分，即母亲对孩子有一个精确的心理描述，一种把她和孩子结合在一起的虚构关系。从她的角度来说，孩子愿意告诉她自己要去哪儿、做什么、跟谁在一起，愿意讲述并乐于随时与母亲保持联络。

随着孩子慢慢长大，这种情况会逐渐改变，母亲也应该越来越尊重这块不再属于她的领地。那一天终会到来——在某个下午的几小时之内，她都不知道儿子“去”哪儿了（十二三岁时最典型）。她下班回家什么也没有发现。根据她忍受焦虑（即忍受心理分离）的不同程度，母亲或多或少会产生担心。就在家庭晚餐开始前，少年轻松愉快地回家了——他根本不理解母亲的担心，并且声称他在两天或三周前说过的新男性朋友（或女朋友）家过了一下午：“你不记得了吗？”在这个问题上，母亲同样会根据她忍受焦虑能力的不同，来警告孩子或者顺势接受他青春期的开始。无论如何，在这个下午，“心理分离”的确发生了。

有些母亲就是不肯接受这个事实：“他可以做他想做的任何事——我想要的只是知道他在哪儿……”无论如何，“我就是不放心他”。在这个宣告中，母亲一方面有保持与儿子儿时关系的需求，另一方面还有不得不面对分离的焦虑。

除了考虑母亲纯粹担心儿子做出危险行为（比如吸毒或犯罪）的情况，还应考虑到她总要知道儿子在哪儿做什么的需求中，体现了一种控制欲，这种控制欲被维持至今的家庭平衡之破裂唤醒了。

在孩子小时候，母亲的控制欲表现为对孩子穿着、饮食或日常生活（睡觉、洗漱）的控制……在孩子大一点的时候，控制的方式更为巧妙，通常会表现为控制孩子社会生活、交际生活或精神生活的企图。有些母亲还会对这些领域的某些方面提出过分的要求，随着儿子的成长接近青春期，这些要求绝大多数情况下会遭到越来越强烈的反对。在有些情况中，孩子会屈服，但这将是自主权的丢失——不仅是物质层面的丢失，而且经常是从精神层面上失去自我。对青少年而言，超过某个时间点不能外出的规定证明了一种下意识的恐惧，它通常也源于控制的需求，这很可能成为青少年叛逆态度的诱因，比如把自己关在房间里。当然，这种情况在少年身上产生了逐级递增的对称反应：他越被限制、越封闭，就越想逃离，直到为了逃脱这种控制而私自外出。

这种冲突的动力就是我们所说的“分离”的一个极佳例

证。分离的目的不仅在于在两个人之间设置距离，也在于接受自己长期或暂时不了解另一个人在做什么、在哪里、和谁在一起。

○“另外，我母亲还是老师！”

做女老师的儿子不是那么容易的，同样，身兼母亲和老师二职也不是那么容易。我经常接诊一些父母中有一人是老师或双亲都是老师的男孩。如果自己的母亲是老师，儿子会像所有男孩子一样，抱怨自己没有自由或者母亲不信任自己。而当某一刻被问到学业问题时，母亲会说：“就因为我是老师，这会更难！”这时儿子就会抓住机会说出所有他对父母建议的不满，他们通常都会用到这个有“魔性”的句式：“我感觉在家就跟在学校一样。”

大家都认为老师的孩子一般在学业上都比普通孩子要好，我们有时甚至还要因此责备老师，但我们应该了解的一点是：可能确实存在当老师的母亲把家变成学校分校的情况。只要犯了一丁点儿小错误，附加分可能就没有了。另外，其他母亲到老师家做客时也不会忘记在老师母子面前询问做老师的母亲为了儿子的学业母亲应该做些什么。

老师的儿子自己是感受不到快乐的。他会被同学们嫉妒（“这对你来说很容易，你妈是老师！”），也可能会成为同学们发泄对母亲或母亲同事不满的活靶子。为了与母亲保持距离，他可能自然而然地会被那些坏学生身上的叛逆吸引，最后还可能因为他母亲对其他一个或几个学生的兴趣而产生嫉妒心，特别是当母亲不幸提及：“为什么维克托（可能是班上最好的学生）不是你最好的朋友呢？”

老师的儿子并没有意识到当母亲回到家时，转换角色对她来说也不是件容易的事。和其他事一样，第三者的调解是最好的解决办法。如果涉及学业的事情由当老师的母亲处理，她处理的时候应该尽可能地像任何一位普通母亲一样，她可以使用自己的“一点儿附加能力”，但方法要慎重。

○“在我为他付出所有之后……”

有一小部分母亲会理所当然地期待孩子的回报。如果她们知道时间会让她们承受失望的话，她们绝对会装作毫不在意儿子是否回报她的爱，以及她在他的教育上所花费的时间。

过去，父母期望他们的孩子尊重自己并且可以给自己养老，等于是给自己买了养老保险，因为他们没法给自己保障。在我们这个时代，养老保险由全社会承担，但这种被保护的需求仍然存在，即便他们表达需求的方法更抽象了。现在的父母期望孩子可以实现自己的一部分愿望，但他们也希望这种实现可以弥补他们正在失去的东西。对父母来说，孩子独立那天来临之时就是收获的时候；但对于他们的孩子来说，独立更像是播种的时机，而且在粮食被收割或被储存到粮仓前土地就有可能被翻新了。

很显然，每个母亲、每个家庭要求回报的象征等级都不同，且很大程度上取决于父母的社会层次和受教育水平。有时，这个要求是类似物质层面的，比如孩子最终会赡养父母，会身体力行地或从经济上帮助他们维修房子。此外，回报的要求可能更加象征化，比如儿子应该好好学习，达到提升他社会阶层的目的，就像祖先做过的那样。在儿子与父母冲突严重的家庭中，这样的债务会很矛盾，通常表现为同态报复法："既然你让我（们）失望了，你就该经受我们所经受的一切。"

这样的态度是与严格古老的机制吻合的：通过强迫孩子承受自己经受过的困难、情感、冲突、压力，父母会投射性地释放被抑制了很久的冲突。他们也会无意甚至有意地向孩子转嫁他们自己未还的债务，也就是没有对孩子爷爷奶奶还清的债务。这使他们发现自己与父母一样，利用孩子辈"结自己的账"。我们通常在孩子与父母关系严重破裂的情况中发现这样的行为和要求。这种破裂意味着对孩子的驱逐，同时反而经常引起青少年独立化的心理障碍。

母亲的消失

1514年，阿尔布雷希特·丢勒（Albrecht Dürer）的母亲去世了。那年，他构思了著名的铜版画《忧郁I.》（*Melencolia I.*）。在这幅铜版画中，他摒弃了传统绘画手法，通过意象的叠加创作出引起各种不同诠释的谜一样的作品。作为绝望和创造力之源的母亲，是一种多么美妙的意象！

说到与我们更近的时代，纽约画家让·米切尔·巴斯奎特（Jean-Michel Basquiat），27岁时死于吸毒过量，最初他以在纽约地铁站的街头涂鸦而闻名。他的画中遍布骨头和各种器官，这种对骨头和器官的执着源自一本解剖教材，这本教材是他母亲因车祸住院时送给他的，当时他8岁。每一个笔触对他来说都好像有撕裂画布的力量，可以让他表达对母亲深深的依恋和对她可能残疾或消失的恐惧和焦虑。

在人的一生中，母亲在现实意义上的缺失——不管是因为母亲去世还是父母离婚，都会深深地触动一个男孩。

无论在鲍里斯·西瑞尼克心中影响他抗打击能力的重要因素是什么，如果母亲离去得太早，孩子会感觉非常痛苦。他的记忆是永远不会磨灭的，谁能忘记：

> "我是永无天日的黑暗，我是鳏夫，我是永远得不到安慰的人，

我是住在残破不堪的城塔中的阿基坦王子，

我唯一的星辰已死，而我布满繁星的鲁特琴披上了忧郁凝结的黑太阳。”

这是钱拉德·奈瓦尔的作品。在诗人两岁时，他的母亲因热病和劳累而死。这首诗被看作“哀痛的诗学”，为什么？因为他的作品《幻象集》或《奥蕾莉亚》见证了诗人童年经受的哀伤及之后的身份重塑能力。23岁的钱拉德·布吕尼在用了好多个笔名后，决定使用母亲家族的葡萄园的名字作为自己的笔名。

弗洛伊德于1930年，也就是他母亲去世的前一年（那年他母亲95岁，他74岁），在给友人的信中写道：“母亲去世，（是）足以致死的事件，任何别的事情都不能与其相提并论，它会唤醒难以捉摸的情感。”他又写道：“当她还在世时我没有死的权利，而现在我可以去死了。”要知道他以身体不舒服为借口，甚至没有参加母亲的葬礼。有人在他这种逃避的态度中发现了弗洛伊德患有恐惧症的一面，同样也发现了这种症状的病因。

我遇到好几个幼年失母的男孩，他们都被母亲的离去深深地影响，而且在生活中的恋爱关系都很特殊：一方面，他们有很强的生存欲望，有时会刻意寻找最刺激和最危险的感觉；另一方面，他们都有控制自己和别人生命的需求，好像没有什么应该是无计划的。这两种明显相反的个人心理活动可能成为意愿冲突，或更直白地说，成为痛苦的人际关系冲突的诱因。

让-路易在40岁的时候询问关于自己生活的问题。他为了自己的“贸易”事业在五大洲都“战斗”过了，但他看起来好像逃避所有情感上的事。高考之后，他曾经希望到离家远的地方求学。他承认自己有很强烈的独立精神，并认为这是他的性格。慢慢地，我们就会了解到，在表面上的对自主的渴望背后，隐藏着他对太过依恋可以信任的人、可以交朋友的人甚至可以爱的人的深深恐惧。

他身上这种根深蒂固的恐惧从何而来？在让-路易5岁时，他的母亲因为癌症去世了。他记得她是一位非常漂亮的女人，有照片为证。面对他的父亲，他一直都是心存感激的，因为他“很好地抚养”了他，但是对他来说，父亲的恩情是出于一种牺牲精神，儿子没有感受到他想得到的热情。父亲很晚才再婚，那时让-路易都20岁了，在那之后就离开了家。很久以前，父亲曾与一位让-路易不喜欢的女人生活了五年，儿子为自己曾不择手段赶走她而感到自责。这段记忆使他30年后回想起来仍觉难堪，那一天，他对父亲说自己亲眼见到这个女人和别的男人手挽手，但其实他撒了谎。是因为他希望父亲只属于他一人吗？还是因为他不想让别的女人占据他母亲的位置？两者皆有。然而，第二种解释从意识上更难接受，因为这等于接受他清楚地感知到了他有多想念母亲这个事实，并发现了她的离去给他造成的一直埋藏在内心深处的痛苦。

他之所以对所有可能发展成真正爱情的关系都采取逃离的态度，就与他的这段经历有关。

错过的约会

所有与人类有关的情况都是特殊的，我想在此书中集中谈谈几个母子关系很糟或正在恶化，单方面或大部分情况对双方而言都变得十分痛苦的情况。

○ 糟糕的离别

克里斯蒂纳·奥克朗在给身为记者和前部长的弗朗索瓦丝·吉鲁所写的传记中提到："弗朗索瓦丝最大的不幸是阿兰，也就是她的儿子。这个孩子她本不想要，而儿子也知道。无论他做什么、说什么，都会让她回想起耻辱，想起她是少女妈妈这个人们眼中无法抹去的污点。”我们姑且让作者去解释这段艰难关系吧。

在我看来，我大体上观察到了三种典型情况：这个孩子可能是完全不被期待出生的；这个男孩的母亲可能迟早会将儿子不易相处的性格归罪于与她冲突严重的丈夫，她与丈夫的冲突也完全是因为丈夫的性格；最后，这个男孩可能与母亲对他的期待完全相反，自他出生起，与其说他是真正被爱的，不如说他是被理想化的。最后这种形态很常见，特别是在青春期时。

一般来说，特别依赖母亲的男孩只能靠一味地与母亲唱反调摆脱对她的依赖。这时母亲会寻求父亲的帮助，但父亲要么是因为能力不够，要么是因为缺少权威，要么是极其罕见地因为产生了对妻子施虐的快感，而无法承担调解人的责任。

○ 当愤怒取代了尊重

从艾维尔·巴赞的《悲悯赤子心》到让·谷克多的（Jean Cocteau）《恐怖的父母们》（*Les Parents terribles*），多少作家都在跟母亲算账，由此向我们展示了母子关系并不总是那么温馨和睦。其实，有的母子关系是存在特别大的冲突、特别让人痛苦的。都不用提安托南·阿尔托的感受——他想掐死自己的母亲，因为她没有得到孩子允许就把他生下来了。他曾写道:“有一个难以启齿的真相就是，有孩子的女人可因此获得平和安详，而孩子却要付出痛苦的代价。”儿子完全可能怨恨自己的母亲，一想到她就感到愤怒，甚至再也不想跟她说话。

生活让我们明白一些男人对母亲拥有一种迷恋和依赖，但同时又有着害怕甚至恐惧。生活中发生的一些事情，母亲独断专行或自私的性格，令母亲沮丧的焦虑都可能使男孩在某些时候痛恨自己的母亲。母亲不愿相信这个事实，还会自我安慰儿子对自己的敌意是因为第三人的影响，通常是儿媳妇或儿子的新女朋友，有时候则是孩子的父亲。

精神分析学倾向于寻求对这种感觉更为“经典”的一种解释，认为婴儿吸吮母乳的欲望很大程度上是与对同态报复法的恐惧、对母亲吞噬自己孩子的欲望以及相信孩子有重返这个庇护胸膛之欲望的坚信不疑联系在一起的。这种无意识幻想的侵略性在男孩身上会特别明显，因为“他们有探入女性洞穴的性冲动。他们难道不会把阴茎插入阴道和他们整个身体插入母亲嘴中用一种可能混乱但有象征意味的方式做类比并联系在一起吗”?

无情的母亲

我们在此借用约翰·F.肯尼迪这句关于他母亲罗斯·肯

尼迪的妙语："我们需要她的时候，她从来都不在我们身边。"有些人认为罗斯·肯尼迪的儿子们与女人相处的问题以及他们的风流浪荡，都是由于这位母亲对儿子表现得太冷漠。无情的母亲可能会给儿子一种女人难以接近的印象，但也可能驱使男人追求猎艳上的成功。这样的母亲尤其会在孩子身上造成一种被抛弃感和因不知道怎么才能被爱而产生的负罪感。我的职业经历在这个问题上教会了我很多。

我第一次见到阿蒂尔的时候他13岁，正在重读初二。我还记得看到他时的第一个想法："瞧，我们会以为他是'胡萝卜须'[1]。"他身上的孩子气和雀斑无疑引发了这种联想，让人一下子就产生了矛盾的反对态度，因为"胡萝卜须"在我心目中既代表情感，又代表烦躁。阿蒂尔的母亲第一次陪儿子问诊时，看上去像是因为儿子和她自身的问题感到很焦躁。

阿蒂尔一开始拒绝来见我，但他还是来了，他显得极其紧张、易怒，学习成绩也不理想。他的母亲自己也承受着孤独、与社会隔绝尤其是丈夫不在家的痛苦，她很快就向我吐露了她的内心想法。在她看来，丈夫在家

1 儒勒·列那尔小说《胡萝卜须》主人公，有一头红发，性格淘气叛逆。——编者注

庭中的缺失正是她儿子的一切问题，也包括她自己问题的根源。阿蒂尔倾听母亲的谈话后，表示赞同她对父亲经常不在家的不满，但直截了当地反对母亲因自己没有社交生活或感到孤独而产生的抱怨。当她提及自己没有邻里关系时，他突然插嘴："不是这样的，你有朋友，他们偶尔甚至还会来我们家。"

当我第一次接诊阿蒂尔一个人时，他最让我震惊的一点是他对我的初始反应，极具侵略性和暴力。他直视我的眼睛，说出了第一句话："我不喜欢人们挖掘我的过去！"我完全震惊了，因为我还什么都没说，当他和他母亲一起来的时候，我们也几乎没有谈及他的家庭或他的过去这些话题。谈话主要是围绕他们的现实状况展开的，除了母亲提到了阿蒂尔小时候他们一起度过的一段持续几年的快乐时光。那时因为父亲工作的缘故，他们全家在亚洲团聚了。母亲对这段时光的评价很简单："我们过得很好。"而阿蒂尔没有什么特别的表示。

回到这个男孩给我的最初印象："瞧，来了个'胡萝卜须'。"在治疗的过程中，我理解了侵入我脑海的这个形象蕴含的意义和矛盾。要知道"胡萝卜须"长相丑陋，与母亲的关系十分不好，母亲并不爱他。他一点点习惯了受到虐待，他的内心也越来越封闭。但儒勒·列那尔告诉我们，后来这个男孩逐渐在自己的父亲勒皮克先生身上发现了对他压抑已久的柔情的回应。对阿蒂尔来说，他母亲爱他的方式很矛盾。他母亲是在被自己母亲反对的情况下生下阿蒂尔的，那时她还没结婚，这在她心中产生了极大的负罪感。在阿蒂尔的整个童年时期，他的母亲和外祖母都十分担心他，因为他过分的行为和对立的态度。

这个男孩有理由让我想到“胡萝卜须”，有一天，他对我说：“我小时候总是说不，这是我妈妈告诉我的。”挖掘他的过去就相当于让他回忆既幸福又不幸的童年时期，但同时也一下子在我身上产生了矛盾的移情反应。他现在知道他不想回顾过去，但他以这样的方式说出来，好像同时也在寻求我的支持，以便让我以另一种方式重塑这段过去。就像他以前寻求过他父亲的支持一样，但与儒勒·列那尔笔下主人公的命运相悖，他父亲好像并不愿意背负这个负担……

由此我们可以看出青春期初期是一段多么敏感脆弱的时期，它凝结了两种伤痛：一种是由急于成熟的本我与成长期的失控以及陷入被动和被抛弃的危险的对立造成的伤痛，另一种则是蕴含着对爱和保护永不满足的追求的过去和孩提时代的伤痛，这样的爱和保护对某些人来说是特别强烈的。

不怎么管教孩子的母亲

可能阿德里安在很小的时候就无意知道了他年轻的母亲是很古怪、很不可捉摸的。他的父母在他六岁时分开了，母亲承担了教育两个孩子的责任，尽管她确实在性格、友情和情感关系上十分不稳定。阿德里安和比他小两岁的弟弟朱利安去了法国南方，他们的母亲在那里遇到一个画家，爱上了他并且在那定居了。20年之后，阿德里安将这段时期看作矛盾的回忆。他记得他被村子里的伙伴和学校的孩子孤立了，因为他是“外来者”，也因为他母亲被看作一个“怪人”。同时，这段时光在他的记忆中也是很幸福的。他记得母亲完全不管他，他想玩多久就玩多久，他母亲也完全不管他的学业，所以不久后他父亲把两个儿子接走了，因为他们的学习成绩实在太糟糕了。

现在，他母亲仍然在以她的自私伤害他，但他已经接受她永远不会改变的事实了——她的活力和及时行乐的态度一直让他很着迷。他与父亲的冲突持续了整个青春期。在这段时期，他经常感到自己在追求及时享乐，这种乐趣特别体现在毒品上，而且总令他在乐趣与满足他所崇敬的父亲这个愿望中间摇摆不定。后来回想起那段时光，他还是很感激父亲强迫他开始正常的生活，并且努力学习获得好成绩——在26岁时他拿到了律师执业证书。

阿德里安对我说他母亲很清楚他每年的考试时间，但她从来没有问过他的成绩。“她就是这样，”他用带点儿玩笑和伤感的语气说道，也就是这个人后来幽默地对我说，“母亲带来的伤痛永远不会痊愈。”

这个故事让我们明白了儿子有多爱他们的母亲，无论母亲有什么样的行为，无论一些不务正业的母亲对儿子表达出了怎样的态度。

那些要求太多的母亲

○ 满足一个缺憾

母子之间没有永不分离的爱，但母亲很可能无法带着爱意和柔情忍受这种分离。这种困难会让她撤回对孩子的所有支援，以阻止他一切追求独立个性的举动。这个女人经常会感到自己被伴侣、父母或个人的情感支柱抛弃。在独立一分离的第二个阶段青春期时，与环境的分离，包括心理分离或具体的情感分离，都会重现内心的被抛弃感，这种被抛弃感现在转变成了无意识的，但在整个童年时期，它阻碍了孩子内心深处的心理独立进程以及独处能力的培养。

我们经常会在“共生的故事”中遇到这种情况，在这样的故事里，青少年通常非常依赖母亲，但这种想要弥补的心理缺失也可能与母亲自身感受到的认同感缺失有关：她的出身阶层、学业、配偶甚至外表导致了认同感缺失，尽管在这个问题上想要弥补的愿望更多是由女儿实现的。每个母亲都有权在儿子身上投射自己的生活、社会、职业、情感、文化理想，这甚至还会成为孩子的动力。与其他情况一样，我们这里讨论的情况太过极端。幸好母亲一般是能够意识到她们期待儿子弥补自身缺失的想法是很极端的。

○ 小男子汉

如果你的儿子陪你一起购物，他拿着你的包，这时你碰到了一位邻居，你不能骄傲地说“看看我的小男子汉”，那我们该何去何从呢？如果你向最好的朋友坦白与丈夫之间的问题时谈到了儿子，然后你补充了一句“幸好我还有我的小男子汉”，那么问题会更复杂。

儿子是儿子，母亲的男人是男人，是他的父亲或另一个男人。不要忘了母亲与儿子建立的关系或多或少都会有意地渗透母亲自己与雄性的关系，也就是由她自身经历构建的男性形象。每次母亲与他的小男孩亲密接触时，当她触碰他、听他说话、凝视他、谈论他时，她不能否认她在和一个男人打交道。她儿子并不算她遇到的第一个男人。这段历史始于她与自己父亲的关系，以及她处理这段关系的方式，她与兄弟或同龄表兄弟的关系，接下来是她青春期的恋爱关系，在成年女人的生活中她与男人（朋友、情人、雇员、同事等）的关系，所有这些关系都会无意间印刻进她的人际关系和情感记忆，构成她对男性的认知画面。

进一步讲，她与男孩父亲的关系会使这幅画面更加复杂，特别是当儿子表现出的态度被她误解成孩子父亲的态度时。她关于“男人是什么样子”的观点，以及她与母亲或女性朋友在这个话题上的交流会为她与儿子的故事染上某种色彩。显然，她会下意识去想，他是不同的。然而，母亲应该重视所有这些因素。如果她不够重视这些因素，那么负面效果就会在艰难时期显现出来。

○ 人心不足蛇吞象

一些男孩或清楚或委婉地表达了自己想逃离让人窒息的或过于干涉自己生活的母亲的需求。什么样的母亲会让人有这样的感觉呢？

保护欲过强的妈妈

> 我童年时的一段回忆让我至今还想笑：我最好的一位朋友的母亲——差不多相当于我的第二个母亲了——每次在他儿子上学前都会对他说："你穿好衣服了吗？"不管当时是寒冬腊月还是骄阳似火。我朋友有时会戴围巾出门，虽然他根本用不着它，除非是为了在拐弯的时候马上把它摘下来。显然，他这个儿子很让母亲放心，但当时他确实很为她的小题大做生气，况且她还在他的朋友面前表现出这种小题大做，这会让他被人嘲笑。

什么样的母亲算"老母鸡似的母亲"呢？在我的职业经历中，我接诊了一些抱怨自己母亲让他们窒息的男孩，他们基本不会搞错状况。当我约谈妈妈时，她会用半坦白半高兴的口吻说："没错，我把他保护得太好了，我一直太保护他了，我真是个老母鸡。"大部分情况下她还会补充一句："另外，他父亲经常会因此责怪我呢。"当一位母亲的儿子亲口说了，并且她自己能感觉到他说得有道理的时候，那她就是一个老母鸡一样的母亲。还有一种情况可以让我们识别"老母鸡"，就是提到儿子时，这位妈妈对你说或自言自语："他所有事我都知道！"所有的妈妈都有这种自己无所不能的幻觉，但要相信这种幻觉证实了母亲确实在寻求一种可在儿子身上实现的超能力。

乱伦的母亲

有时母亲会很突然地意识到儿子已经性成熟了。只要儿子心理还没成熟，母亲就可以对孩子做出各种带着爱意和柔情的举动，这些举动没有丝毫暧昧之意。给小孩子洗漱，玩一些不同的爱抚游戏都是可以的——只要男孩心理还未成熟，这些都没什么可担心的。反之，如果他长大了就是另一回事了。身体接触，如温柔但过于紧密的拥抱已经不像儿子小时候那么纯洁无瑕了。

母亲可能会模糊地感觉到儿子对她们的吸引力。从心理学角度说，这意味着乱伦的欲望已被唤醒，且有可能以幻想或梦境的形式形成意识。母亲应该为此感到担心吗？不，因为由于她们已经意识到了这些幻想，她们就可以自我控制所有身体接触或一切暧昧行为。对自己的幻想有意识，总比无意识地在儿子身上投射可能让她所有行为性感化的性冲动和欲望要好。

在某些案例中，母亲无意识的身体接触会引起儿子的紧张情绪，从而让他想要逃离。这种情况在发脾气或发生肢体冲突时尤为常见，这种情况下男孩会砸家具或摔东西。这种危机经常发生在母子之间，两个行为主体看起来都无法面对自从孩子成熟起就开始出现的紧张氛围。

在不知情的情况下，母亲会比自己想象中更有诱惑力。虽然看起来可能老生常谈，但我还是认为母亲最好不要在跟儿子一起坐在沙发上、以最温柔强烈的爱意爱抚他时，穿过短的裙子或者袒胸露乳——虽然母亲有爱美、性感或想永葆青春的权利。母亲要注意的另一件事会发生在儿子情窦初开的时候："我和我儿子没有任何秘密！"在极少数情况下，面对儿子极速的成熟和转变，母亲会在自己伴侣之外寻求替代关系（对面对自己对女儿无意的乱伦欲望的父亲而言，也是如此）。文学和大众所创造的"中年情欲"的定义只不过是俄狄浦斯情结和乱伦问题的苏醒，以及母亲在家庭和伴侣之外寻找这种冲突根源的尝试。一些母亲还会被驱使选择一个与自己青春期的儿子年龄差不多的新的性伴侣。

我的"小"儿媳

婆媳关系对于旁观者来说是个十足的笑料，但对当事人来说则是咬牙切齿的恨事。这种矛盾表现从母亲的蛋挞做得比妻子好，到妻子清楚明了地拒绝"又和你妈一起度假"；从母亲心绪矛盾地称呼她未来的儿媳妇（"我的小儿媳妇"），到未来儿媳令人销魂的话语（"虽然她年纪大了，但精神状态还是很年轻")。到底这段如此常见的苦乐参半的关系之关键在哪里呢?

朱莉在跟我说到她和她丈夫的矛盾时，很快就点出了问题的症结所在：她婆婆。对她来说，她丈夫在20岁时投入她的怀抱就是为了逃开他母亲。她并非没有意识到这些年来她被这个后来成为她丈夫的小伙子当成了多大的救命稻草。她本该在第一次激烈争吵时就有所警醒——那次吵架是由于他们对度假的组织计划不同，后来他去他母亲家寻求安慰了。在朱莉看来，这位母亲非常强势，对孩子保护欲很强，对她丈夫也有很强的占有欲。很快，她婆婆造访这对年轻夫妇的次数越来越多，借口则是他们第一个孩子出生了。显然，朱莉对这些来访和监视一点儿都不开心。

其中一个细节总是能引起这个年轻女人控制不住的愤怒：她婆婆每次来他们家都会带吃的，填满这对年轻夫妇的冰箱，根本没觉察到朱莉对这种伤人的僭越的反应。她应该做些什么呢?在奶奶来之前就把冰箱填满，还是享受这份好运，趁机用省下来的钱去餐馆大吃大喝?显然，这样的关系根本掩盖不了妻子对婆婆占有自己丈夫和婆婆对儿媳占有自己儿子的强烈嫉妒，这种占有中喂养的作用完全是象征意义的（这位婆婆无法将她母性“喂养”的特权拱手送人）。

婆媳间经常出现的问题之所以会更复杂，就是因为这些情况委婉地揭示了一个事实，即儿子（文中讨论的男人）选择了一个像他母亲一样强势又保护欲很强的妻子。那我们就不必为这两个性格强势的人相遇而产生的“火星撞地球”的反应感到惊讶了。

○ 理想的男性形象

如果作为母亲的你认为有权希望儿子在个人性格的某些地方像你的话，那你有可能在他身上投射了你自己关于男人的理想。为了塑造他的男性身份，男孩必须能够满足父母对他的期待（当然包括母亲的期待），也要满足外界强加于他的期望（他所处时代的社会期待、同僚的期待），尤其要满足他对自己的期待。这里我想讨论一个心理力量，那就是所有心理学家和精神分析学家所熟知的“理想的自我”。

这种理想的自我是主体身份的主要组成部分，它不再只依靠父母的理想化和父母对孩子的理想化实现，而是依靠外部世界的理想化和主体自身的理想化而实现。自我，即我们本来的样子（特别是我们心中自己的样子），和理想的自我的关系（我们希望变成什么样子）标志着个人的变化成长，这个成长会在一段因父母的期待而相对被动的关系之后到来。这并不意味着二者间一定会有矛盾，除非其中一方太强势。

有些母亲会过于期待她们的儿子能变成她们渴望得到或错过的理想男人。相反，这种理想可能反映了她们对令人失望的丈夫、过去的情人或从未忘记的已故父亲的遗憾。这些母亲只有通过自己的儿子来缓解自己的失望。难道我们不能再研究一下阿马利亚和西格蒙德的关系吗？西格蒙德曾特别对荣格说起他意识到了自己对母爱的憧憬是多么强烈，并且由于他对母亲的理想化，这份憧憬已经使他产生了错乱的感觉。

○ 一条不可跨越的底线：禁止乱伦

母子间乱伦的问题幸亏在现实中不多，主要都是体现在文学作品或电影中，比如路易·马勒的电影《好奇心》，该片上映后还展开了电视辩论。这里涉及一个很罕见的情况，人人都像约定好一样认为父女或公公—儿媳妇的乱伦问题并不常见。然而对专家来说，这会更具毁灭性，因为他们认为儿子会越过对母亲的“性恐惧”阶段，在性交中显得十分活跃。

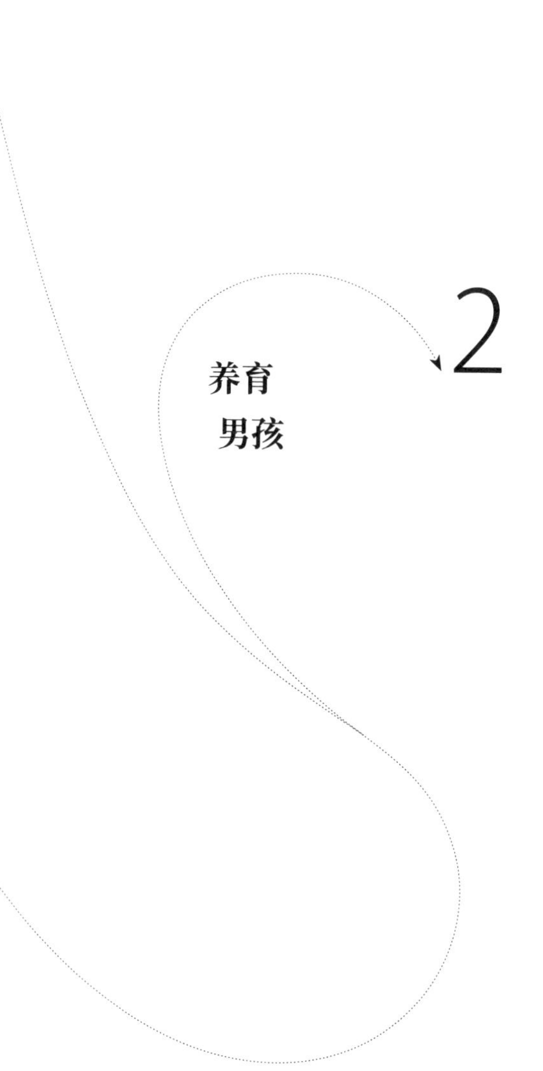

2

养育男孩

没有哪个母亲要故意让自己儿子变得腼腆、胆怯或让人讨厌，充满暴力倾向。然而在成长过程中，很多男孩都会出现需要训斥的行为、应该被责备的态度以及让人完全无法接受的言语。母亲希望儿子有教养，而他可能很没礼貌；她希望儿子有自信，而他可能忧心忡忡或者走向另一个极端，即骄傲自负；她希望他诚实，而他会对她说谎；她希望他幸福快乐，而他可能会痛苦不堪或焦躁易怒。

第一个认识孩子的人就是母亲，不管孩子是女是男，母亲都完完全全地了解孩子（《利特雷法语字典》对儿子的解释不少于23个）！母亲了解儿子的身体构造，她亲手缔造并连接了他们的亲子关系，她证明了他的存在，她也感谢他回馈给自己的善意。精神分析学家证实了我们只有通过被父母特别是母亲的了解认可，才能塑造自己的身份，即重塑自我。哲学家保罗·里克尔（Paul Ricoeur）着重指出认识首先要经历过认同这个步骤。当一个母亲说“我不认识他了”的时候，肯定是饱含遗憾的，有时还会有巨大的失望。她遗憾和失望的原因就是她不能再像以前那样影响他了，也不再认同他了。这个阶段对所有母亲来说都很艰难，但对儿子来说却很必要，他需要在这个时期认识到自己和母亲是不同的，特别是与女孩相比，男孩在这个阶段更要意识到自己需要考虑确认自己的性别身份。接下来，母子会有互相了解的阶段，即“缓和性了解”，这预示了一个明显的悖论：人们对自己的身份越确定，越感到自在，他就越要寻求与他不同的东西，或者越会被与他不同的东西吸引。从这里我们可以衡量出母子关系与母女关系的不同点究竟在哪里，并且可以让男孩对将来如何处理与女人的关系有思想准备。

第四章

罩啊！

所有母亲都面临着需要详细解答的许多具体问题，她们不可能满足于这样的偏见："多留点儿空闲时间"或是"对他多上点儿心"。养大一个男孩就是面对日常生活中没完没了的小事：给他喝母乳或者用奶瓶喂奶，陪他参加乐理考试，教他系鞋带或者拉上裤链。养育男孩的过程中也要处理一些阶段性冲突，比如晚饭前要写完作业或者让他整理房间。你还会因为他第一次不听你的话或蛮横地回答你的问题而火冒三丈。归根结底，养育男孩就是学会面对突如其来的阶段性危机，并在合适的时机找到合适的对策，既不会坐立不安，也不要固执己见。

除非母亲有个人问题，否则没人相信一个母亲会想毁了自己的儿子。不幸的是，即使最和蔼的母亲也有可能表现得笨手笨脚。为什么呢？因为大部分母亲都是凭经验了解男孩是什么样子的。她们会知道男孩很容易因为一句他认为是侮辱的不合适的话而受伤，并且很长时间无法说出口吗？

人人都清楚语言对孩子及青少年教育的威力。我们教育孩子时会使用不同的语言，或是鼓励性的或是约束性的，我们都在选择最好或最糟的方法，当然我们并不会时刻意识到这点。那么我们应该优先对男孩使用什么词语呢？提供精确翔实的词汇表是不可能的，但我们最好清楚，与形容他是什么样子的句子相比，男孩对关于他做了什么的句子会更敏感。为了让他有自信，你可以一直对你儿子说他很善良或者令人感到不可思议，这会让他开心；但如果你谈起他的行为举止，他所付出的努力或者排除万难做成的一件事，他会把你的话更往心里放。

对指责和批评来说也是一样的：男孩更喜欢听让他想起他做了什么事的画面，而非他是怎样一个人的画面。显然，他们并非对我们传达的关于他们自己让人喜欢或讨厌的画面无动于衷，但他们更愿意谈论自己行为的成功或失败。这个现象不仅体现在男孩群体的内部较量上，还体现在他们的父母与其谈话时。男孩对自己的努力越骄傲，他们就越可能继续努力。

另一种比较复杂的原因可以证实，与对这样或那样的人格描述相比，男孩更偏好对他们行为的描述。有的时候孩子会出现摧毁自己家庭，包括母亲的幻觉情况，即使母亲是最被儿子宽容的人。

我曾经与一对夫妻朋友和他们的两个儿子一同坐车去度假。小儿子吉约姆在一次休息时坚持要吃冰激凌。大儿子吉罗姆则什么都没要，而且在大家把同样的冰激凌给他时也没有吃。几分钟后，两个儿子的母亲安妮跟我谈起了孩子："吉罗姆很完美！"两个孩子看起来似乎并没有在听，但当母亲刚一发表这句赞美，后座就爆发了激烈的争吵。吉罗姆显然把他弟弟的头按到了他正在吃的冰激凌上。几分钟后，一切恢复平静。吉罗姆说出了他这样做的原因：他非常讨厌父母，特别是他母亲能容忍他弟弟所有任性的行为，他想通过自己的所作所为和刚刚说过的话证明他和他弟弟都不是完美的孩子。

如果别人对一个男孩的评价高于他的本来面目，这会令其感到尴尬，他自己也很想让别人相信这点；但反之，他也很难接受父母，特别是他母亲心里不清楚他是什么样的人。当母亲对他儿子说"你是个完美的男孩"时，如果不提及能证明这句评价的行为，儿子就无法毫无恐惧和愧疚地接受这看起来充满爱意的评价。为什么？因为他对自己的印象是完全不同的。在他看来，他很清楚自己并不完美。

在青春期时，这个悖论会频繁地得到证实：母亲越掩盖儿子身上的问题，儿子就越要变本加厉，表现出与他所认定的事实相符的反应。我们应尽可能地以他可以看到真实自我的方式对男孩的行为做出评价。对于在学校考了高分或得了柔道金牌的儿子来说，对他说“你应该为自己感到骄傲”永远比对他说“我为你感到骄傲”要好。通过这种做法，你事实上已经让他意识到了你的评价，而这个评价他已经完全猜到了。

> 我接诊过吉约姆，一个24岁的男孩，他与父母一起来做一个简单的心理健康检查。几个月前，他在母亲的建议下来问诊，因为他母亲发现他很抑郁。事实上，吉约姆看起来疲惫而忧郁，精神很萎靡。很快他就与我谈论起了他那对总是不停吵架的父母，他们无疑是相爱的，因为他们从未打算分开。但现在他受够了。他说出了他从不敢在父母面前表达的埋怨，我心理治疗师的身份并没有在他身上引起太强的负罪感。很快他就感觉痛快了很多，卸下了一副毫无悲剧色彩的重担。然而他很惧怕的心理健康检查还是来了。大家都为吉约姆的迅速进步感到开心，但可能是为了确保没有别的疑虑需要解答了，他的母亲突然说：“还有个问题，你的朋友不是很多。”吉约姆马上反驳：“我实在受不了你的口无遮拦

了！”在24岁的年纪听到母亲这样的评价，虽然毫无恶意，但也是很伤人的。

吉约姆的母亲通过这次经历学到了所有母亲在养育男孩伊始便应铭记于心的事实：与儿子在一起时，我们有时会意识不到语言的破坏力比动作还强。对他来说，语言就像一把他不知道该如何正确使用的刀。我们甚至可以夸张地说，与控制语言相比，男孩对刀的控制力更好。这是种形象而准确的比喻。如果他感觉别人给了他一刀，他就还给他们一刀，但如果这把刀是语言，尤其是用这把刀伤害他的是他最尊敬的人时，他就只能用很长的时间来疗伤了。

男孩就是一个情感火药库，一丁点儿小火星就能点燃。我们对其用语或行为的简单批评就能让其爆炸。防暴和扫雷工作并不轻松，肯定不是长篇大论能解决的。有太多母亲认为爱和所谓的沟通就足够了，而且经常把沟通失败的责任理所当然地归咎于她们的丈夫。她们应该明白预先平息男孩的焦虑比批评他的行为更有效，因为他的错误行为通常源于他的焦虑。母亲要特别注意不要先批评儿子的行为（可能比跟女儿在一起的时候要更加注意）。对于把书落在教室的男孩，我们最好说：“就算这样，你能不能做一下你的功课呢？不然明天会被惩罚。”或者说：“你要不要我们给你朋友弗雷德打电话？

他就住在附近，可以让他用完书的时候借给你。”而不是：“你都多大了！三岁孩子才这么干呢！你姐姐她就从来不会忘拿任何东西！”

为什么最好用这种方式与男孩沟通呢？首先因为男孩比外表看起来更敏感，他对批评敏感，对支持也敏感，而尽管女孩也很敏感，但她们会更好地调整情绪，因为她们知道如何表达；其次因为男孩在行为和情感上都更具侵略性，母亲对他行为的批评在他看来更像是攻击而不是建议。

这是个男孩

只要观察一下男孩之间的玩耍，在操场上的表现或几个人一起讨论的场景，就能明白男孩的表达方式更倾向于肢体而不是语言，他们更愿意用大喊大叫来表达，而且他们喜欢经常变换游戏。

男孩的很多纪律问题都源于我们对其体育活动的限制。法国的教育体系一直没有意识到这个显而易见的事实。男孩与女孩相比更需要跑动、跳跃、攀爬、相互追逐，做体育游戏，有规律地做运动，这可以让他们释放情感的紧张、能量和侵略性。合理安排体育活动时间和运动环境可以避免很多冲突，也能让家长和老师的日子好过很多。

○ 他总是生气

洛朗斯向我咨询关于他三岁儿子经常发怒的问题，在她看来他都是无理取闹。虽然她对儿子的爱很明显，但有时她还是会觉得抚养女儿更容易些。她觉得儿子很任性，一点点挫折都受不了。“他让我太累了，”她说，“但这是个男孩，这难道不是他身体很好的证明吗？尽管如此，有时晚上我还是会感到筋疲力尽。”

第一个问题：他为什么会生气？在婴儿身上，这种感觉尤其会出现在成年人或另一个孩子不让他按自己的想法行动的时候。面部表情和典型的肢体运动通常是为了迎合扫除障碍的需求。那么愤怒就是一种适应性行为，可以战胜他接近选定目标的障碍。要注意的是，这种说法预设了婴儿已经对他自己的能力有了某种相关的认识。那么，另一个问题来了：这种情感的出现取决于孩子的性别吗？并不是，因为女孩和男孩几乎在同一个年龄段出现愤怒情感，也就是两到四个月时。如果我们认同小婴儿的喊叫和哭泣是一种愤怒的原生感觉的表现，那么很快，这种感情的表达就会在女婴和男婴身上有不同的表现。事实上，男孩会比女孩更肢体化、更公开地表达他们的好斗性，尤其是通过发怒的方式。在一次调研中，我们让一组父母在日志中记录他们孩子发怒的次数，以及愤怒爆发的前因后果。结果表明，在两岁半至五岁期间，男孩的易怒指数会逐渐增长到女孩的两倍。

○ 乓！乓！乓！你死了！

公园里三个七到十岁的男孩在索菲的眼皮子底下玩耍，索菲是年龄最大和最小的男孩之母。他们到处跑，手上拿着树枝做成的手枪互相“射击”、追打。他们喊叫着“乓！乓！乓！你死了！”，丝毫没有注意到可能会给其他人造成不适。如果其中一个男孩拒绝假装倒下，一个声音就会高叫着：“你不能再玩了，你死了！”顽抗者并不服从——他绝不接受他是最弱的，其他人是最强的，也不接受他不能玩游戏的事实。突然，游戏变了：两个男孩开始追第三个，第三个立刻明白他要藏起来。而索菲偶尔会把目光从正在读的书中抽离出来。

离这儿不远的地方，她丈夫和他朋友在打网球，两个男人都五十多岁了。突然，索菲听到她丈夫大喊：“混蛋！你把我骗了！”他这是在评价对手的一记漂亮的反手球。索菲微笑着想：“还是那样，很明显……”她与女儿从来没有参与过这样的游戏，她自己儿时也没有加入过这样的“战争”，而且她对网球对手也绝不会说出这样的话。她应该因此禁止她的儿子们这样玩吗？她应该因丈夫在网球场上的用语而抱怨吗？她应该因为这种经常让她无法忍受的失礼而离婚吗？但她在别的男人身上没发现同样的缺点吗？显然，她可以在儿子们过分的时候让他们安静，她也可以提醒丈夫他并没有做出最好的榜样，但她还能做更多吗？教育男孩，就是要明白他是一个男孩！

一岁之前，孩子会无差别地玩所有东西。过了这个年龄，小男孩会在对玩具的选择或使用上显露出他的侵略性，然而小女孩会控制，更会把她们的冲动藏在心里。18个月的时候，27%的男孩会给自己选择卡车或小士兵当玩具，44%的女孩会选有篷童车或过家家。给小女孩一个娃娃用的吹风机，她会把她“孩子”的头发吹干，有时会带有虐待倾向（“你烫到我了”，她假装它这样对她说）。如果是小男孩，他应该早就把吹风机变成手枪了……

○ **越疯狂，越喊叫！**

哪个母亲没有察觉到自己儿子和女儿生日聚会的区别呢？儿子的生日聚会邀请了更多的男孩，女儿的正相反。男孩聚在一起玩，组合在一起然后又拆开，其中会有叫喊、冲突和打闹；女孩一起玩的团体更小，而且一般是稳定的，这有利于保密、融合、合作并且减少敌意和公开冲突的危险。

如今在女孩和男孩的区别上，人们越来越强调同一年龄段孩子的角色。这个角色从两岁开始就被感知，从三岁开始，孩子会分辨“女孩的感觉”和“男孩的感觉”，这种认同可以强化同龄孩子间的相互调节。男孩和女孩，通过选择和组织他们的游戏，可以学会在情感上互相区分。在这一点上，女研究员弗吉尼亚·帕雷（Virginia Palay）和黛博拉·塔南（Deborah Tannen）曾研究过美国幼儿园里小孩的游戏。她们发现，女孩努力创造和维护关系，即使以付出显著的个人努力为代价也在所不惜；她们从很小的时候开始就会毫不犹疑地展现自身的不完美，并且会评估她们朋友的品质，成人后，她们依然保留了自己最大的能力来表达负面情绪（负罪感、恐惧、受辱感、疼痛等），这有利于培养对别人感受的理解和宽容。男孩正相反，他们更愿意选择以竞争和自我提升为核心的游戏，这样他们的超级英雄梦就可以完全展现了。

莱斯利·布罗迪（Leslie Brody）的最新研究证实了同伴在孩子情感发育上的重要性。这位波士顿大学心理学院的讲师认为男人在与女人的友情上更热情，而女人在面对男人时更愤怒。在她看来，表达友情或愤怒的不同是源于两性频繁的互动。在同性之间，自然倾向被强化了，而在异性间这种倾向则被颠覆了。花更多时间与同性在一起的女人在积极层面上坚固了她们的情感，在消极层面上也强化了她们侵略性的缺失；经常与同性在一起的男人则正相反，他们的侵略性会更强，而积极情感却没有得到充实，所以他们不习惯向女人表现他们的侵略性或向男人表达感情。

这个现象值得所有人关注，它提醒父母和老师警惕不要夸大教育偏见的作用。不管是孩子还是成人，我们与异性的关系都会比与同性的关系更多样，所以不同性别的孩子一起玩同样的游戏或者在学校时坐在一起就很重要，家长和老师对他们一视同仁也很重要。否则，在下一个阶段青春期时，对异性的自然启发就可能在身体、性吸引与感情生活间造成鸿沟，性关系是一条线，柔情和爱意是另一条线。然而爱和性这两条线之间的和谐，在弗洛伊德的理论中是人生中情感生活的关键。

○ 他为什么打他妹妹?

在他们的日常生活中、游戏中、与别人的交流中，男孩的行为毫无疑问是更具攻击性的。在幼儿园，频繁的喊叫和哭泣看起来经常出现在三五岁的孩子身上，但引起这种情绪反应的情况却是不同的。女孩为“小病小痛”哭泣，男孩则对挫折更加敏感。与成年人相比，男孩们更难忍受阻止他们玩耍的行为或阻挡他们的障碍物，这证实了他们的脾气更冲动，这种冲动还会随着年龄增长与日俱增。

我去一位朋友家拜访时，托马斯和他的妹妹简正在花园里玩皮球。忽然，从花园里传来了简的哭喊声。“他打我了！”简呜咽着躲到了母亲怀里。趁着我在，孩子母亲连忙问我：“为什么托马斯总是打他妹妹呢？我完全理解不了！”托马斯躲了一会儿，很窘迫地走了出来，在母亲跟他说话之前，他红着脸气呼呼地宣称：“她不会玩！”他母亲在我的见证下很自然地问他：“那这就是你打她的理由吗？”这个反应是正确的，但很明显对这个六岁的男孩没有任何效果，他下次还会这么干的。这两个孩子的母亲贾妮丝不再坚持了，她让托马斯去玩他最喜欢的游戏来平静一下。“唉，男孩啊……”她对我叹息道。

我认同男孩更易怒，而且也会更突然地发怒这个观点，他们天生就具有侵略性。我的职业让我经常运用图像或游戏作为表达他们内心世界的手段，我经常观察到在地面、海上甚至是银河系争吵、打斗的场面，他们使用手枪、冲锋枪、火箭……他们在我面前玩的或跟我一起玩的想象的游戏，都是异曲同工的。有人会说这太夸张了，或者说这些孩子有问题。如果他们让身边三到十岁的孩子画画或者和孩子一起玩，他们就知道事实是什么样子了。在此期间，我能给贾妮丝什么建议呢？

我向她提议了在本书中我经常提倡的方法：要让男孩意识到他自己的感情，在情感变成行动前允许他表达感情。于是我对她说："你应该对托马斯这样说：'你看起来很生气，你应该是对自己打了妹妹而感到生气吧，平时你那么愿意跟她一起玩。她做了很过分的事吗？'"这么短的一句话，本身是无关痛痒的，但我认为这却是一种真正的教育态度，因为这句话没有立即陷入批评中，而批评通常是无济于事的，这个模式会无休无止地重复：这句话让母亲含蓄地使儿子明白她认同他，通过这种认同，她又给予了儿子认同母亲的权利，归根结底这才是终极目标。最后，这句话可以让儿子意识到应该按照严重性给问题排序：大问题，大反应；小问题，小反应。这种态度不会有立竿见影的神奇效果，但一旦重复，便可以逐渐在男孩的精神中打下深深的烙印，至少在情感上帮助其变得更睿智。

显然，贾妮丝还可以对托马斯这样说："我要把这件事告诉你爸爸"或者"我给你爸打电话"，或者对我说："他爸爸在的时候他会乖一点。"诚然，母亲应该在对男孩的教育上给父亲适度地让位，但这位所谓的父亲并不会一直都在，也并非总能胜任这个角色，最重要的一点，他不应该阻止母亲在儿子面前树立自己的权威。我同样给了贾妮丝一个建议：

“有机会的时候，如果简和托马斯安静地在一起玩，你要给他们反馈：‘太棒了，我在客厅干活的时候你们玩得这么安静，简直太懂事了。今天你们两个都让我很开心。还有你，托马斯，比起那天，你今天的表现真棒！我要给你点赞！’”

我要指出很重要的一点是，孩子表现好的时候我们表扬他们，鼓励他们安静地玩，不是为了阻碍他们玩耍，也不是为了让他们永远表现得像个天使一样。正因为孩子没有预料到，所以这些话语带来的惊喜更强。这不应该妨碍你在其他需要的时候树立绝对不容置疑的权威，或者对孩子完全无法容忍的行为挥舞惩罚的大棒（但要注意：一定要用届时你肯定可以实施的惩罚来威胁）。为了更有效，你的反应应该是渐进的，仔细衡量过的；另外，孩子，特别是男孩，由于天性使然，听不出或者无法分辨警告和惩罚的区别，也无法区分温和的行为和令人无法接受的态度。同样，树立权威的做法应该清楚明白，简洁明了地表现出来。若是孩子不以为意地说出这样的话：“这些说教听得我耳朵都快长茧子了！”这通常意味着他扭曲了这句话的严肃性。对年龄稍大的男孩，特别是青春期的少年来说，幽默通常是缓解紧张形势的良药——只要不是挖苦讽刺的幽默。

奥利维耶是个16岁的少年，对来问诊这件事是犹疑不决的。在第一次问询时，我问他为什么来赴约，他回答我说："为了让我母亲成为最幸福的犹太母亲！"我立刻就明白了，他在微笑着援引三个互相攀比儿子成功的犹太母亲的故事，最后一个母亲说"他每周跟他的心理医生要提到我三次"，而第一个母亲只能谈论儿子给她买的4×4越野车[1]，第二个只能谈论儿子给她买的法拉利。他向我解释说其实正是这个故事让他决定来问诊的，这是他母亲在两人间一次激烈的争吵后讲给他的。

"妈妈，这是我神经元的错！"

公开表现自己焦虑的年轻姑娘是小伙子的两倍之多，而表现自己愤怒的男孩是女孩的三倍之多。这与什么有关呢？原因很复杂。难道仅仅是由于肌肉紧张度的差异？女孩没有那么强壮，所以她们没有那么强的侵略性？事实已经十分清楚了，心理学家雷内·扎佐（Rene Zazzo）在他关于双胎妊娠的很多研究中都指出了女孩比她们的双胞胎兄弟更强壮，而且走路走得更早。

如今我们离揭开一切真相还差得很远。男人的大脑并

1 即四轮驱动，又称全轮驱动。——译者注

不像20世纪布洛卡（Broca）所想的那样比女人要重，约翰·霍普金斯大学的研究员通过神经成像技术确认了这一点：女人在与语言表达能力相关的两个脑区（背外侧前额叶皮层和第一颞回）的脑灰质比男人的更多。这个结论在脑循环的层面上更加有说服力：面对不幸场景的画面时，女人的脑循环比男人的更活跃，这种活跃与大脑一个更大的区域（尤其是右边缘脑区）相关。最后，如果男孩真的很少流泪，并不仅仅是因为骄傲，还可能因为睾酮素，也就是雄性荷尔蒙钝化了对情感的表达，抑制了流泪的冲动，强化了侵略性的表现。

男孩的侵略性无疑是与产前激素的影响相关的，特别是雄性激素。一个关于肾上腺先天畸形的研究给了我们充足的论据，这种症状在两性中都出现过，我们称其为“肾上腺皮质增生”。肾上腺是人体系统中分泌大量雄性荷尔蒙的器官。通过比较很早就患有肾上腺皮质增生的女孩和未患病的小女孩，我们发现生来就很“男性化”的女孩在出生后的头几年更具侵略性。她们更会被简单粗暴的游戏吸引，更愿意玩往往被界定为属于男孩的玩具，更愿意选择异性做朋友。传统中属于女孩的领地，如布娃娃或者包含扮作母亲角色的游戏对她们的吸引力很小。至于有同样反常情况的男孩，他们也比男性朋友甚至兄弟的侵略性更强，这里不考虑家庭影响这个简单的设想。但我们仍然要清楚，与为人熟知的观点正相反，由睾丸和肾上腺分泌的著名的荷尔蒙并不是男性特有的，它同样可以由卵巢分泌。

大脑是经验形成的场所，比其他任何器官都重要。越来越多的研究员都认同儿童和青少年的行为从心理学层面来看，源自两个重要因素：荷尔蒙的特点，以及一种能对成熟行为进行不可或缺的认识控制的特殊机制。为什么男孩偏向于肢体表达，玩耍的时候总会大喊大叫，且对危险的评估严重不足呢？因为在童年和青春期时，容易引发冲动的事件（睾酮导致）让孩子，特别是男孩，在冒险时与可以让任何主体三思而后行的大脑因素（经过前额叶神经元——执行功能的中枢，主要用于组织思想、预见控制冲动、衡量行为的结果——的修剪）介入的时刻存在错位情况。这个新颖的观点已经引起了很多教育学家的兴趣，某种程度上也能让母亲安心一些。

那么我们应该摒弃教育、社会和文化因素吗？自然—文化间的对立曾在20世纪引起了激烈的争论，如今因为人们发现了贯穿生命始终的大脑可塑性而被重新提及和审视，这种可塑性与环境因素相关。大脑结构随着每个人的情感、认知和心理经历的变化而不断变化，我们能确定的是母亲一般情况下对理解她们宝宝的发音没有任何困难。她们的困难是无法确认她们回应的是宝宝真实感受到的情绪，还是只是反映了她们自己的认知体系。这一点对在孩子逐渐成熟的过程中尝试评估父母角色的人来说很重要。“快看他多骄傲啊！”这位妈妈这样评价自己的儿子，完全沉浸在骄傲中，她忘了她的孩子还没有感知这种感情的能力。与耻辱感、负罪感、蔑视或尴尬一样，骄傲的感觉要等到一岁半到三岁间才会出现——在这个阶段，孩子会获得独立的自我意识，并且内化一些社会准则和规范。

所有的父母都会赋予孩子在这个年龄段无法感知的兴奋激动。这并不会对孩子的健康成长构成什么障碍，至少因为潜意识或无意识投射，母亲或父亲（很罕见的情况下是两者一起），不会惯性地向孩子投射与他所感知的东西无关的感情。总之，这种父母的感情投射助长了孩子各方面，特别是社会化情感进程方面的发展，也就是说理解和被理解的能力，感知人际关系中出现的开心和不开心。

显然两性的区分同样受到文化背景的影响。从最甜蜜的童年时代开始，我们就赋予了小女孩和小男孩不同的感情特点。我们给他们讲童话故事的方式是不同的。一些研究显示，母亲与女宝宝在一起时会更乐于表达。教育和社会环境的影响太强大了，以至于孩子从两岁开始就表现出了性别身份，表现得“像女孩”或“像男孩”，正如人们期望他们所做的那样。在情感发育中，背景——特别是家庭背景的影响是最重要的。教育从很早就开始促进自然的情感分配，正如接下来的实验所证实的那样。我们设想一幅九个月大的婴儿在哭泣的画面，询问一组男女混合的成年人：“这个小男孩怎么哭了？”“因为他生气了。”这些人通常这样回答。但当我们把同样的画面呈现给同一组人，而改为询问：“这个小女孩怎么哭了？”“因为她很伤心……”就是这样，对同一幅画面的理解都会因为婴儿性别的不同而产生变化。

如何更好地证明文化偏见的威力呢？在孩子出生后的前几周，父母就采取了不同的行动，这样的行动很大程度上是由婴儿的性别决定的。与儿子相比，父母更喜欢与小女儿进行面对面的交流或者用声音进行情感互动。他们在女儿面前展现更频繁、更多样化的感情，更愿意与女儿谈论悲伤的事情，而把愤怒或暴力留给儿子。

以同样的观点为出发点，我们观察了母亲与两个半月到差两个月两岁的孩子之间的互动情况，我们发现当母亲与小女儿玩耍时更喜欢表达感情，特别是积极的感情。我们还发现母亲对儿子情感表达的回应具有镜像效应，但她们更容易以不同的情感回应女儿的情感表达。最后，即使她们很爱自己的儿子，母亲还是更喜欢对女儿笑而不是儿子，这样她会得到很好的回应。一般来说，母亲与女儿在一起时更愿意表达，无论是在表达情感的次数还是程度上。要知道女孩很快就能获得更大的感情调色盘（情感更丰富），从七个月开始她们能表达的情感就比男孩更频繁和多样化。

尽管从孩子很小开始，父母就有很强的区分女孩和男孩的倾向，但父亲和母亲的行为并非在各个层面都是相似的。父亲更喜欢盘问或威胁，尤其是对男孩。他们更频繁地打断孩子，对他们说话的方式更抽象，更喜欢用贬义的词。要注意到，这些特点在年龄更长的男性关系中同样存在。反之，不论是男孩还是女孩，到了会说话的年纪，孩子都会承认自己更喜欢向母亲表达他们的悲伤和愤怒，而非父亲。

这些认同的现象在此完全展示了它们的威力。男人和女人都会不自觉地希望自己能成为孩子的榜样，但他们并没有意识到这可能会重复他们有意反对的模式。比如说，一位母亲与女儿和儿子谈论侵略性或愤怒时的方式是不一样的。在和女儿讨论时，她会尝试保持和谐，并且不由自主地引用别人的感觉。“和善一点儿，不要吵架。”最后母亲会这样建议女儿。难怪女人一般比男人更会“处关系”！但如果是儿子，对话就完全变了。母亲不会再寻求重塑过去的融洽关系，甚至会接受她养大的孩子希望复仇的事实："保护好自己。"她会这样对儿子说。

小不点的父母已经本能地发现了他们的女儿更温柔、更漂亮、更优雅，他们的儿子更好动、更强壮。不久后，孩子长大了，父母就会根据孩子的性别带他们参与不同的活动。在家里，父母鼓励女儿玩布娃娃或者跳舞，教育她们乐于助人，要她们陪在自己身边；反之，如果女儿到处跑或者在家里活蹦乱跳，父母就会试着让她们安静。与儿子在一起时，父母的行为就完全不同了，他们会毫不犹豫地夺走属于女孩的玩具，鼓动儿子玩更男性化的游戏，比如汽车或积木。

在这种情况普遍相似的基础上，父亲和母亲的态度还是会有所不同。研究员拉布斯（Lapouse）和蒙克（Monk）的研究表明，通常是父亲鼓励小女儿表达自己的情感（父亲的反俄狄浦斯情结比我们想象中更早）并且反对儿子玩布娃娃（害怕他们被压抑的双性恋倾向？）；而母亲更坚持教育自己的女儿帮助其他孩子。另一个带有些微差异的共同点：以父母讲图画书的方式为例，学龄前儿童的父母给女孩讲故事的方式与给男孩讲是不同的。父亲给女儿讲故事时更喜欢用感情色彩强的词，只会避免使用"厌恶"；母亲的做法也是如此，但她会回避所有关于攻击性或愤怒的词。

另外，我们要知道在学校也是如此，老师的行为会根据孩子性别的不同而不同。比如，在互动中老师更喜欢对小女孩微笑，表达更多的情感，而不是小男孩，我们可以想象这一切给孩子世界的性别区分已经发展到了何种程度。对男婴和女婴的观察展现了一种初始就可以比较的、逐步发展和分化的感情生活。在这种逐渐增强的区别中，“父母感情的投射”在子女情感归属上的影响比我们通常想象中强大得多。许多实验（包括文中这个实验）都证明了这点。我们要求一些人评价两种性别的典型性格特征（哪个性别较吵？哪个性别善于合作？哪个性别更感性？），他们都宣称女婴和男婴的性格没有任何区别。反之，我们要求同一群成年人与婴儿用游戏、声音或接触手段互动时，他们在行为中对“性别”的区分就表现出来了。

总之，虽然我们有意承认自己没有去刻意区分性别，但我们还是会下意识地根据孩子性别的不同做出不同的举动。作为成年人，我们的责任是注意不要被我们自己的认知习惯骗了，要克制自己所有不能让男孩将来更好步入社会的过分行为，在男女平等的问题上要更加坚定态度。从孩子最幼小的时候起，分享感情就能使生活更轻松。未来同样需要这样的分享。

第五章

母子关系和母女关系的区别在哪儿？

从婴儿开始，到我们成长为幼儿，父母就会根据我们性别的不同而使用不同的方式对待我们；轮到我们自己做父母时，也会这么做。很难分清这种做法的成因是生物学因素还是文化因素，因为每个个体都是独一无二的，他们都以自己的方式表达或隐瞒他们的感情。然而，不管我们愿不愿意，恒量确实是存在的，而母亲应该了解自己儿子的感情、行为和愿望，这样才不会在他们身上投射不属于他这个性别的感情和态度。

作为创作本书的准备工作，我就以上的问题咨询了一些儿女双全的女性朋友。我向她们每个人都提出了下面这个问题："你觉得你的母子关系和你的母女关系有什么不同？"

在我得到的所有回复中，有个朋友一上来就回答我：“这两者就如同白天与黑夜。跟我儿子在一起的时候我们很少说话，但我们感情很深；跟我女儿的关系就复杂多了，我们经常聊天，但我们无时无刻不在互相攀比。”

过去20年间，大家对母女关系的兴趣比母子关系大得多，研究母女关系的著作也比母子关系的多很多。近些年来对女性地位重要性以及男女平等的认可无疑是其中一个原因，比如大西洋彼岸似乎有过剩的理论家好像把母子间的爱变成了禁忌话题。除此之外，人类学的原因也应该被提及：一个社会的经济越依赖农业，它就越追求跟土地肥沃和战争相关的思想和神灵；这是一段关于采摘和狩猎的远古历史。几个世纪以来，甚至可能几千年以来，一直到20世纪中叶，母（肥沃）子（强壮）关系孕育了我们的集体幻想，激发了数不胜数的象征意象。在过去的百年间，我们完成了从农业型社会到服务型社会的转变，从此，女性的价值（语言、调解、合作、敏感）在文化、教育、社会和经济领域都得到了认可。母子间的基因传递最终得到了官方承认的地位和价值。

那么对于女儿，你能跟我说母亲对女儿没有同样的渴望吗？诚然，如今的女性首先通过自我满足实现自身的价值，然后才是通过孩子的成功（无论孩子是什么性别）。20世纪60年代的母亲需要对女儿而不是儿子这样说："你一定要工作。否则你就要靠别人养活，你会失去自由。"但在母亲想看到自己的孩子——无论男女都茁壮成长的自然又平凡的愿望中，一些更加无意识的感情已经开始滋生。

儿科医生阿尔多·纳乌里（Aldo Naouri）完美地展现了母女关系中的巨大矛盾，这种关系蕴含了私密的复杂和无意识的竞争与对立。母女关系与母子关系自生命伊始，甚至在孩子出生前的状态就是不同的。一些研究已经证实母亲触摸和怀抱女儿和儿子的方式是不同的。你听过女孩说"等我长大了要跟妈妈结婚"吗？当然没有；反之，对男孩来说……

女孩和男孩的区别主要体现在期待和认同上。女孩最大的期待是她的母亲不要替代她。在女儿身上，母亲可以重现她自己的历史。直觉是这段关系的第一要素，当然会有一些只要是用直觉理解都会出现的错误。当女儿要塑造她自己的身份时，对立和失落感便会随之产生。

> 女孩经常会被母亲取代自己的恐惧萦绕，这种恐惧出现的次数比母亲想象中更频繁。桑德琳是个35岁的年轻女性，经常向我提起幼年时母亲给她选连衣裙的一段回忆，来解释她和她母亲之间一言难尽的关系。

她的母亲十分优雅，无时无刻不在意外表，给她穿得像个小公主，这是她最讨厌的，因为这让她在同学面前很丢脸。

而对男孩而言，他最期待的是母亲可以对他含蓄的话心领神会。她代表着一种不该使他恐惧的女性楷模，因为不久后他将会把这个模板移植到别的女性身上。一点点帮助儿子摆脱母亲，并让他终有一天有转向其他女性的愿望，这正是母亲的职责。虽然母亲没必要担心自己对儿子的爱，或是自己对儿子的诱惑力，但也应该尊重他在表达自己的敏感和最隐秘的内心世界时的羞涩和尴尬。

理解他的感情

感情是人类沟通的基石。每个孩子生来就有表达喜悦、恐惧、愤怒、悲伤、厌恶和惊喜的能力，但这些不同感情的显露是循序渐进的。25年来，新泽西大学儿童成长研究院的心理学教授迈克尔·李维斯（Michael Levis）一直都在研究婴幼儿的感情发育。对他来说有一点是不容置疑的：在生命的最初，小婴儿只会表达三种感情：满意——喜悦的第一种形式，以吃饱和对刺激的积极反应为标志；兴趣——惊喜的前身，表现为对周围环境的注意；最后是不满，表现为哭喊和躁动不安。

不满无疑是其他各种消极情感的前身。从孩子满三个月开始，当母亲不和孩子玩的时候，他就开始出现悲伤情绪了；当孩子把他不喜欢吃的东西吐出去或者扔出去时，最初级形式的厌恶就出现了；愤怒情绪一般出现在两到四个月；最后，与成年人的错误想象相反，真正意义上的恐惧情绪在五岁之前是不可能出现的，因为感受到恐惧需要一些认识论的经验来辅助评估形势。

人人都清楚婴儿易感性或悲痛的第一个信号就是喊叫和哭泣。这是因为焦躁还是愤怒呢？在孩子四五个月之前都很难说，但要搞错情况同样很难：因为很显然，婴儿先生或婴儿女士不高兴了。大部分相关研究已表明，出生后的第一年里，婴儿（不分性别）的喊叫和哭泣频率是相同的。同样，婴儿对分离和表达喜爱的不同行为这两方面的反应也是完全一致的，这些表达喜爱的行为据说是可以遗传的，所以是“天然”的。所有的妈妈和保育员都知道小女孩与小男孩表达情感的方式是不同的。通过细致的观察，我们发现婴儿自出生起就根据性别的不同表现出了特殊、不同而显著的情感行为。男孩从出生后第一个月起情绪变化就很频繁，他们相对来说也更难抚慰；女孩则相反，她们在感情上更为稳定，开始微笑和说话的时间都比男孩更早，也更频繁。她们为了表达自己的感情以及得到理解才拥有更强的模仿能力。最后她们更喜欢对关系亲近的人表达感情。

我们不必怀疑我们的小女孩看起来更擅长人际沟通，本来她们说话的能力就发展得更早也更好。当面临发展思维能力的问题时，她们的优势也很明显。仅仅出生几个小时后，女孩就表现出极强的对现时周围环境情感的接受性，比如她们会回应另一个婴儿的哭泣，然而男孩对这方面的注意力就没那么强。

该怎么解释女孩这种更好的“情感沟通”能力呢？坎宁安（Cunningham）和夏皮罗（Shapiro）在很久以前展开的研究结果很值得讨论。这两个研究员都认为男婴比女婴表达得更激烈，这并不意味着更频繁。为了让自己被倾听，小女孩随着年龄增长不得不扩展她们表达感情的方式。她们要更努力地学会交流那些表达出来后较难被自动理解的感情。这在某种程度上解释了为什么女孩，也就是后来的少女和女人更会表达自己的感情或了解其他人的感情。为了确保她们自己的感受被人在乎，从很小的时候开始，她们就要学会对周围的人表示感兴趣。

母亲与儿子交流时，需要意识到在这个层面上儿子与母亲说的不完全是同一种语言，而且除了年龄上的差别之外，每个性别都有自己的情感文化。如果一个母亲有一个儿子和一个女儿，她可能早就发现女儿并不比儿子更容易动感情，但她会更好地表达自己的感受。两性之间的情感差异其实主要就是表达上的差异。

母亲有两种方法理解儿子内心深处的感受：一是了解她自己表达感情和儿子表达感情方式的相似之处，二是倾听不同。虽然母亲在感情上可以与儿子很亲近，但他们内心的经历，尤其是表达感情的方式会让他们彼此疏远。然而这位母亲是有机会站在儿子的立场感知他的感情和反应的——如果她可以解密儿子的内心，她就可以获得认同和移情。

> 理查德从学校回来，面色沉重，赌气地封闭自己，拒绝说话。他母亲迎接他时立刻发觉在他身上发生了一些事情。让母亲立刻就有这种感觉的并不是话语或者解释，而是一种普遍的态度、一种行为。但是如果她马上就想知道发生了什么——因为这是个男孩，要是她让儿子解释发生了什么事——那她很可能什么解释都得不到，或是儿子变得更封闭了，虽然想知道儿子怎么了是很符合逻辑的。她与其问“发生什么事了”，不如什么问题都不问，或者直接把自己的感受说出来，比如：“我一

想到你可能过了很糟糕的一天就很担心。"这样理查德就容易说起让他担忧的事情了，尽管他可能不会立刻就说，但当他感到失落情绪没那么严重时就早晚会说。

其实，男孩和女孩感受到的情绪是一样的，喜悦、愤怒、焦虑、悲伤并不是某一个性别独有的，但男孩和女孩表达感情的方式，特别是表达痛苦的方式是不同的。比如在父母离婚时，如果女孩害怕自己被母亲抛弃，她会直接说出来："我很怕你不要我了。"男孩则经常用另一种方式表达这种恐惧：他可能会在学校变得极具攻击性；或者反之，开始反省自身的问题。就像保罗母亲向我讲的那样，他可能会黏住母亲问一大堆不知所谓的问题，但其实这些问题都是另有深意的……

有一天晚上，保罗从学校回家后问他母亲："为什么会有被收养的孩子？"他母亲回答："这是什么奇怪的问题？你为什么问我这个？"保罗继续提问，但并不是单刀直入的方式。这是男孩的天性，他们比我们想象得更委婉："有没有哪些国家的父母比其他国家抛弃的孩子更多？"这个问题看起来是很常见的，我们应该这样解码：这个男孩对父母离婚事件的后续十分担忧。这样对保罗的母亲来说，问题的回复就很清楚了："别担心，妈妈永远不会抛弃你，你永远都是妈妈最爱的儿子。”保罗无疑得到了宽慰，便不再整日黏着他母亲了。对男孩来说，悲伤也是种很难表达的感情。

大卫在新的初中很不开心，因为他交不到朋友。他的母亲洛朗斯很为他担心。她通过一个朋友（一个跟她儿子同龄同校但不同班的男孩的母亲）当中间人跟儿子交谈，之后成功邀请了另一个小男孩加里在假期中一起去滑雪。但两个男孩的关系进展并不顺利：加里比大卫滑得更好，而且已经对女孩很感兴趣……大卫的母亲很为儿子伤心，但她觉得他并没有尽最大努力适应环境，她认为她费尽心血却一无所获。

一天晚上，她对他说：“听着，你现在不是五岁小孩了，你不可能一直让你妈妈在你背后替你交朋友。”大卫马上就离开了客厅，把自己关在跟朋友一起住的房间里，再也不想出来。洛朗斯在门后听到了哭声。她感觉很内疚，觉得她应该更好地理解儿子的难处，其实有一个原因她是知道的：她丈夫本身就极其内向，正如她说的那样，很“原始”，也很少表达感情。狗变不成猫，她是知道的，但她仍然无法控制她对儿子的厌烦，以及内心深处对她丈夫的厌烦。这位母亲有理由认为她最好应该这样对大卫说："你可能觉得假期就这么荒废了，可能很生气或者很难过，但不要担心：每个男孩都是不同的，下次我们可以试着好好考虑邀请你想要交的朋友。"在这个问题上控诉、批评和指责起不了任何作用；相反，认同别人的感受，即使他们表达感受的方式与我们熟悉的方式不一样，也可以避免自己走入死胡同。大卫其实是因为假期没交到新朋友而伤心；他也为自己让母亲失望了感到耻辱，但这点他是无法说出口的。进一步来说，他知道自己很像父亲，为此他对自己很生气，但同时也对这个自己很尊敬的男人心生愤懑。

对母亲来说，理解男孩表达感情的方式并不容易（对妻子来说，理解丈夫也同样不容易）。与男孩相反，女孩能更好地表达感情也是真的。如果每个人都认同这个显而易见的事实，我们就会避免很多冲突和失望。虽然男孩的人生很艰难，老生常谈的偏见在这里毫无用处——相爱或者花更多时间在一起对解决问题来说还差得远哪！所以我们最好理解每个人是如何交流感情和认知的，同时要重视个体的特点，以及一些同性或异性表达感情时使用的几大类方法。

总而言之，对男孩的母亲来说，普适规则就是在评价他的行为之前要解析他的情感（其他人都太喜欢评判孩子的行为了）；另外，这其实是母亲普遍的做法，并且男孩自己也很清楚，虽然有时所有人都会忘记这点。

理解他的日常行为

当男孩说话或者提问时，他的话语通常都是关于事件或行为，而不是关于一段关系的内涵。一个男孩说到奥雷里安在班上让他很烦时，并不意味着他们关系不好或他们品位和兴趣不一致；他会提及学校为节庆准备的游戏，但他并不会说他参与的各种不同的准备活动。而妈妈恰恰会自然而然地对儿子不愿意说的事情感兴趣。这就解释了为什么沟通有时会产生冲突，即使涉及的话题其实无关紧要。同样，儿子的态度可能看起来漠不关心、满不在乎，或者是越界的、不礼貌的——男孩并不总是十分了解要说你好、再见或谢谢；他们总把自己的东西乱丢在餐厅里；他们要么不做家务，要么做的时候满腹牢骚……我们能因此就说他们没教养吗？不能，我们应该简单地教育他们，礼貌同样也体现在用词上，但这种教育同样需要礼貌用语。如果我们想让儿子意识到他没有感谢给他带礼物的客人，粗暴地批评他是不合适的。至于责任感，相对循序渐进的教育方式是早早让他面对日常生活中的简单选择，以此教育他有舍才有得。在选择冰激凌和蛋糕，晚饭前还是晚饭后学习，邀请这个还是那个朋友之间，要学会自己做决定，并且学会放弃。

> 亚历山大和他的朋友托马斯一直在客厅里玩球，然而母亲弗洛伦斯已经第三次要求他们停下来了。她已经烦躁到了极点，于是清楚明了地提出了禁令：“不行，你们不能玩了，立刻停止。”但在自己的内心深处，她还是对自己打断儿子和朋友玩耍感到很抱歉。其实还有另一种可能的解决方法，就是给他们一个选择，对他们说：“要么你们继续玩，但要出去到草坪上玩；要么你们待在家里玩一个别的游戏。”

好的行为举止、礼貌和责任感不仅与性格有关，还与社会教育有关。我们不可能指望特别外向、总是动个不停、永远充满活力的男孩和安静沉稳、很会表达自己感受的男孩有同样的表现，但他们都应该学会尊重别人，适应社会规范。在这种教育中，父母都是关键因素，因为他们可以根据脾气和各自角色的不同而以不同的方式传达信息。如果父亲不以身作则的话，那么显然母亲在传达信息上会产生极大的困难；如果父亲能理解他的态度可以帮助孩子产生认同感，并可以形成重大支持，母亲就更易于引导儿子向她认为正确的方向发展，而不会被儿子当成命令或苦差。没有任何一个孩子生来就没有一点儿礼貌或责任感，但学习那些在某个特定年龄才能获得的能力，比如算术、小提琴或网球，就十分需要耐心，有时甚至是执着。

理解他冒险的行为

实际上所有的行为特点、感情状态和困难都会因性别不同而产生不同的主导性和影响，不论是关于身体的抱怨、绝望的想法、饮食行为的困难、外部化的行为、事故和冒险，还是嗑药。冒险和嗑药这个变量经常可以战胜所有其他的变量。另外，行为的影响随着年龄增长以不同的方式发展，虽然两性间的差异从童年到青春期有增长的趋势，青春期本身也是一个重要的增长阶段（见图5-1）。

所有母亲都知道男孩的冒险行为比女孩要频繁，所有的研究都证实了这个论点。从小时候起，男孩就会“做更多的蠢事”；他们更多动，玩的游戏更有运动性，有时会很暴力地争吵，而且会以比女孩更频繁密集的方式违抗禁令。在青春期这个冒险吸引力开始呈现并且日益增强的年龄，两性间的差异则尤为明显。

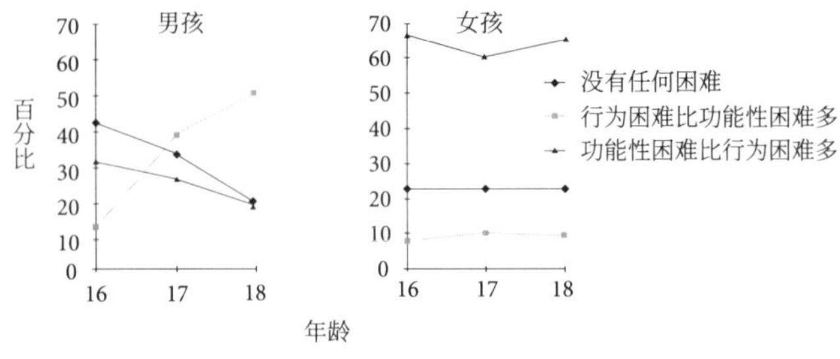

图5-1　青春期的主要困难

功能性困难＝对身体的抱怨、感情状态、饮食行为

行为困难＝相关行为、事故、产品消费

日常消费以及对烟草、酒精和毒品过度消费的数据，尤其可以一目了然地体现男孩和女孩的区别（见图5-2）。

应该如何理解这些数据呢？与女孩相比，到底是什么在男孩身上引起了对冒险的更大兴趣呢？我对此的观点也只是普遍性的，我也会在各个方面展开对性别内差异的研究，而不只是性别间的。同样，也有一些“冒失鬼”女孩，我们会说这是些投错胎的男孩，当然也会有一些“胆小鬼”男孩。然而，仍有一些线索可以让我们理解是什么让男孩普遍比女孩更有让自己身处险境的癖好。

● 不考虑情况中蕴含的要素，所以也无法预知突如其来的危险。

● 过于冲动，不太清楚要三思而后行。

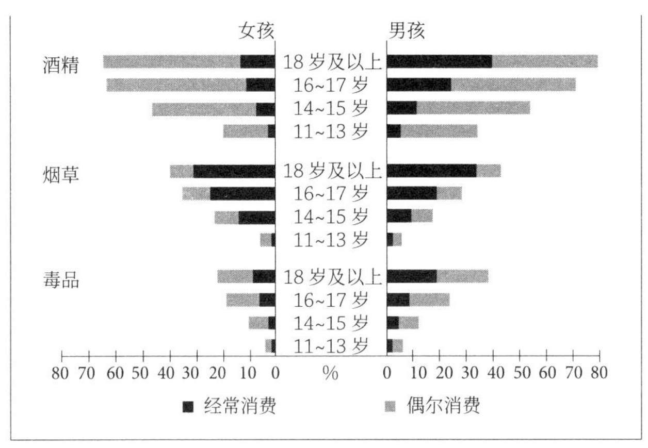

图5-2 青春期时女孩和男孩的上瘾行为

- 选择了最有感觉、可以打败厌倦感的行为。
- 本能地不寻求建议，只相信自己的判断或直觉的倾向。

我们再研究一下，就能发现男孩一般不会仔细观察自己所处的环境，他们会自发地向吸引他们的事物“低头”。此时，就一个可以被形容为认知上的因素——直觉——介入其中，正是这个因素将女孩与男孩区分开来。女孩从儿时起，就展现出了在给定环境中含蓄地提取关键因素的更强的能力。这也是她们拥有厉害直觉的原因之一。她们能以此来更好更准确地评估一个行为的危险性。

同时，男孩无疑更加冲动，他们不喜欢慢慢来，这甚至可能会造成他们极端缺乏耐心。他们对别人的反抗更粗鲁直率，不假思索，也更暴力（见图5-3）。这是不是解释了为什么青春期时女孩自杀的想法和举动更多，但男孩自杀的成功率更高呢？

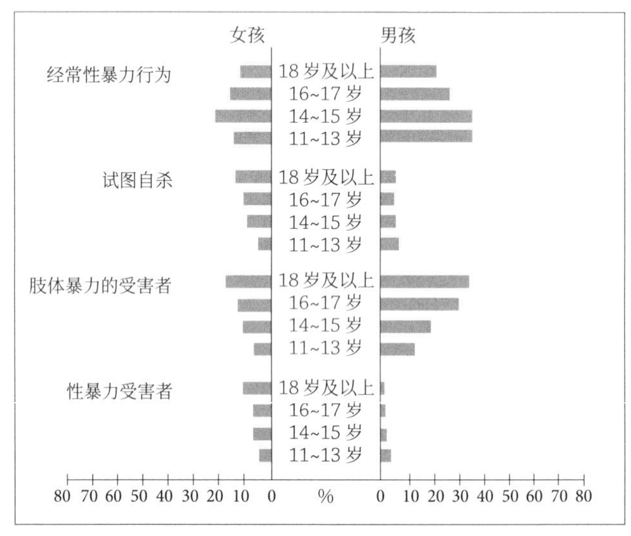

图5-3　男孩和女孩的暴力和冲动行为

男孩和女孩的区别还体现在男孩更喜欢寻求新鲜感，而且对厌倦感更加敏锐。多少母亲都听过她们的儿子重复道：“妈妈，我好无聊啊！”为了打败这种厌倦，还有什么比寻求冒险时刻的好感觉更棒的呢？男孩之所以酗酒或嗑药行为比例更高就是受此影响。男孩相对而言更喜欢直接行动，而不是保证安全性后再行动，虽然危险性是因人而异的。比如，醉驾对于因父母酗酒而心绪矛盾的青少年和没经历过这种情况的青少年来说意义是不同的。

最后一点：对男孩来说，公开寻求建议，依靠别的有经验的人并不是一种理所应当的态度，他永远都要显出他是最强大、最胸有成竹的，正是这个原因，使得他们总是做出“蠢事”。

如今看来，青春期这个冒险行为高发的时期正是他们生命中一个特殊的阶段，主要因为此时的心理状态，以及男孩比女孩更直截了当也更显著的特殊态度。我们举个例子，挑战身体的极限，就是不经大脑思考、不选择最安全的行为，又不掌握可获取最多信息的方法。我们知道这同样是青春期基本幻觉的一方面。然而，处于这个年龄段的某些男孩会积极地在完全社会化的行为中追求幻觉的实现，比如通过选择这样或那样的体育运动，有时还会通过在私生活方面沉湎的危险行为，比如不采取任何避孕措施或冒着感染性病的危险去玩乐。

一个人类学观点也可以丰富我们对青春期的看法。不论何种文化，不论什么年代，青春期作为过渡期总是会和冒险的想法联系在一起。有些联系是本质性的，或者说是必要的——每个人都要度过这段时期，迈向未来，这个未来对个人、身体、社会或心理发展的思考是至关重要的。这个时期的小伙子或姑娘开始意识到他们对未来的不确定性，并且衡量自己的人生会变成多么充满危险的有条件的未来。我们可以从某种程度上将青春期的危险行为看成现代社会已经消失的成人仪式。以更有意义的方式来看，在传统社会里，男孩和女孩的成人礼是不同的，对男孩来说，成人礼通常是“公共的”，就像嗑药行为或交通事故一样；女孩的成人礼就不同了，它是“私密的”，没那么具有集体性，而是更具个人和私密特点，它所传达的是创造的理念而不是毁灭或自我毁灭的理念，怀孕就是一个典型的例子。有些社会会在女性启蒙教育时，直截了当而又粗暴地强化男女生殖器的对立，比如有时会采取割礼，因为母亲向女儿讲授生理和生殖知识（初潮、怀孕、分娩等）也是这种社会规范的核心，所以并不存在与母亲极端的分离，但是与女性生来就有的妊娠功能相关。如果我们能认识到这一点的话，我们会发现这种对当代青少年行为以及人类学和社会学意义上的成年礼的对比，以别出心裁的方式阐明了男孩和女孩在冒险行为上的区别。

但你可能会问我，男孩的母亲，特别是热衷陷入危险令母亲焦虑的男孩的母亲该做些什么呢？应该教育他？还是陪伴他？无疑，两者皆要。为了警示众人，不想冒险甚至担心自己不够安全的保险公司，观察出参与“有人陪同行为”的年轻人在驾驶的头两年比在18岁拿到驾照就直接开车的年轻人要少出很多事故。一般从预防和思考的角度来看，这是一个很有趣的教育。最有效的方式并不是从智力上教会青少年遵守交通规则或某种法律措施——总之在这个年龄段不行，就冒险行为而言也不行。你的孩子不会自动听从你下达的教学指令，他甚至可能还会有矛盾的态度（比如拒绝戴头盔）。让你自己感到安心或让儿子避免他有意或无意寻求危险的方法，并不是一直对他说过马路或晚上骑摩托回家时要当心——陪伴才是最有效的预防措施。所有的问题都在这里。

再强调一次，女孩比男孩更容易接受成年人，特别是父母的陪伴，可能因为她们天生就更会表达和分享感受与情绪。对陪伴男孩必要性的关注以及长时间的持续陪伴，因此显得更加重要。在实践中应该怎么做呢？要通过帮助你的儿子学会等待一小会儿，学会与其行动不如说话，学会寻求他人的帮助，学会了解种种行为的危险性。我至今还记得自己在青春期时去加尔舍（Garches）医院探望一个骑轻便摩托车出车祸的朋友时有多受触动。当时我看到了一些跟我一样大的男孩，他们伤得很重，落下了终身残疾。

理解他的期望

男孩总希望觉得自己很强，他想成为森林之王。在他的游戏中，他一直企图胜利，如果输了他就会生气；孩子扎堆的时候他就想当领导，或最低限度上是次一级的领导；青春期时，他会在获得网球、国际足球赛或摇滚歌手大赛的冠军中实现自我认同。不管这是否源于被社会强加的印象，但事实就是如此。如果我们对他说这很愚蠢，就会深深地刺痛他，令他所有的自信崩塌。因为暴怒带来的固执，他会拒绝学习或理解别人对他的要求。他这样叫喊："因为我很蠢！"如果你不幸对他说这是错误的，他会固执而恼火地回复你："你就是这么说的！"

我遇到的很多男孩时隔多年仍会记得伤害过他们的一句话、一个动作，或是冷眼旁观的态度。这个事件之后，他们极端腼腆或极具侵略性的性格就加重了。从理智上来说，这两件事确实没什么逻辑关系，但从情感上来说确实是有的！

千万别犹豫对你儿子说在你眼中他有多珍贵，你有多信任他，但是不要添油加醋，因为这只会令他对自己没有成为应该成为的样子心生恐惧。对男孩来说，你尤其应该为自己说的话提供具体的论据。在儿子很小的时候，你就该让他发现这个世界，让他触摸、聆听、观察他感兴趣的东西，给他带来惬意、抚慰的感受，这样才能给他带来安全感，让他知道这个世界既不封闭，也没有敌意。当他稍微大一点儿的时候，我们应该表扬他在某一学科取得的好成绩，在另一学科取得的进步、机灵的举动、让朋友舒服的行为，或是对兄弟姐妹温柔的动作。所有的机会都是好时机，只要不是惯性为之。帮助儿子做他觉得困难的事而不是光向他解释，鼓励他参加他能获得成功的活动，跟他说话，让他在餐桌上跟朋友表达自己的感情，尽可能多地让他自己做决定，如果他的选择无法实现，向他解释为什么……所有这些行为都具有基本的教育意义，即让孩子有相信自己的可能。

有自信永远比希望自己随时随地都最优秀更重要，自信就是相信自己，并且接受自己本来的样子。在这一点上，妈妈扮演着很重要的角色，她要表现出对自己有自信。最好的教育就是以身作则，因此母亲不该接受丈夫在儿子面前对她的贬低。与我们的认知相反，这种态度并不会强化男孩无所不能的男子气概，反而会使他害怕父亲对自己产生同样的评价。

对母亲来说，理解儿子的期望，也就是在青春期时谨慎克制地了解他的性生活、爱情和日常行为，即使这些可能会让她备受打击。每个母亲都知道自己的儿子在过了某个年龄之后会手淫，但他永远不会自发地跟母亲提这件事。到底应该以玩笑还是焦虑的心态看待男孩手淫的频率与他们的性早熟度成反比，以及手淫最频繁的人通常是最晚有真正性生活的人这件事呢？第一段性关系并不是一个男孩愿意主动与母亲或父亲提及的话题，只有16%的男孩（以及26%的女孩）会这么做。90%的青少年都认为他们父母的反应很好。这意味着为了能开口谈论第一段性关系，我们需要感到被信任，但仅仅考虑到数字是不够的。

区分男孩和女孩的是性行为前的感觉而不是行为。大部分女孩是因为爱而做爱（60%）；而将近一半的男孩是因为诱惑或生理需求做爱，只有38%的男孩是因为爱而做爱的。这里我们应该重新认识一下女人和男人的生理结构：93%的男孩说有过生理快感，而只有65%的女孩有过生理快感；反之，31%的女孩期待一见钟情，而男孩声称在这方面没什么特别的期待。但他们真的在得出这些数据的调查中说出了他们内心深处的真实感受吗？无论如何，根据这次调查，82%的男孩和59%的女孩已经不再和他们的第一个性伴侣继续拍拖了。我们可以理解那些相信自己经验的母亲想要了解儿子的行为，有时是出于骄傲，有时是因为不解。

关于性生活，男孩和女孩间的双重差异看起来依然没变：所有的调查都显示出男孩有更多的性伴侣，他们在第一次性交时的感情付出几乎为零。然而，虽然青少年从此有了性生活，他们未必就此过上放荡的生活。一多半15～18岁的青少年坦白自己发生过性关系，暗含的意思就是另一半人没有发生过。我们最终可以指出在对青少年包括男孩感情生活的调查中，除去性关系，感觉的重要性和其持续性占据了主导地位，77%的男孩和87%的女孩都承认自己爱着他们的伴侣。

在所有这些调查之外，多年临床医生的经验让我得出了以下结论：当一个青少年发生性关系是为了确认自己是正常的（就像其他发生过关系的人一样），他从中得到的快感通常很小，而且是年龄越小快感越小。如果他确实得到了满足，这种满足更多源自“做过了”而不是性交过程中的真实感受。这种快感的缺失，或者说被节制的快感有时与想象中的期待不同，可能还会让一个年轻小伙认为自己不正常或怀疑自己是否正常。相反，另一些青少年会因为满意的性经历，以及和另一半建立公开分享新兴趣的爱情关系而感到安心。由于这段恋爱关系，男孩身上可能会发生对父母特别是母亲的转移、替代和摆脱的心理效应。从恋爱中得到的满足可以很大程度上弥补甚至战胜付出失去童年的代价或者最初的恐惧。于是，青少年任凭自己陷入恋爱关系中，性交正是这段关系幸福和满意的延伸，然而，更精确地、完全实事求是地说，这种关系更常出现在大概十七八岁的“大”青年而不是“小”青年身上。

教会他更好地沟通

从普遍的角度来看，男孩与女孩的沟通方式是不同的：他们表达自己感情的方式更倾向于通过手势、行为、呼喊而不是语言。他们并非没有女孩敏感或没有女孩聪明，只不过他们表达自己智慧和敏感的方式不同。当他们陷入感情旋涡时，他们不会听从建议，也不会接受建设性批评，甚至不会自我安慰——他们只想他们的母亲能猜测到自己内心都经历了什么。

我记得一个15岁男孩因为对老师一直很无礼而被中学劝退，他母亲勇敢地独自养大了他，并试图尽可能弥补父亲离开带来的伤害。这个叫米卡伊尔的男孩也认为自己的态度很丢人，但他总能找到借口，认为对他不守纪律的惩罚是不公平的，并且没有统一的措施。那一天，他总是热情洋溢的母亲很冷淡地迎接了他，简洁明了并威严地对他说：“这几天你就在家学习，下不为例。”沟通很直接，简明扼要，没有叫喊或过多的指责。

但它的效果是惊人的。米卡伊尔不仅自学了两天，还在最后一个学期变成了认真的好学生，此后他课上的行为也完全可以令人接受了。几年以后，他才意识到他母亲态度的合理性，并因此深深感激母亲。

男孩比女孩更希望母亲能感受和理解他们感受的但并不总能被理解的事物，所以母亲应该揣测儿子的想法——幸好母亲通常都是这么做的，只要她们的态度不会让他们疲惫，也不会被孩子父亲攻击或驳斥。怎么做呢？倾听、旁观，尤其是观察他的行为。母亲一般不会与异性（在这种情况下即她们的儿子）分享自己的感情，但她们会设法摆脱困境，而且摆脱得很好。然而对男孩来说，可能没有什么比发现他的感情是人类正常经历的一部分而且他可以将其表达出来或者说他根本没什么可羞耻的更能抚慰他的心了，而母亲在这方面的教育起着关键性作用。

这种母亲凭直觉对儿子的理解是家庭氛围的一部分。如果男孩的家庭充斥着更多的事件和行动，女孩的家庭里则更多的是关系和语言沟通，所有情况中，与其他人性别不同的男孩或女孩可以给所有人带来有利的平衡。

总之，母亲对男孩的教育可以提取出几点很容易记的基本认识：

第一，男孩期待母亲可以理解他的言外之意（女孩则期待母亲不要取代自己）；

第二，男孩期待母亲可以解析自己的感受，他们对感情的语言表达没有女孩那么多，他们更喜欢通过态度和行动表达感情；

第三，为了让男孩有更好的反馈，母亲在要求中应清楚明了地指出他在短期内对某个具体行动应付出的努力，而不是宽泛地宣读指令或者以长期而又广义的教育为目标给他上道德教育课。

第六章

我的儿子长大了

每个母亲都知道男孩在童年会不停发育，甚至童年过后也是如此。她们不太了解的是——特别是如果这是她的第一个儿子——发育的特性，它的特性很多，有时还很特殊。

发育的阶段

○ 绝望地寻找母亲

所有孩子都会对弟弟或妹妹的降生感到嫉妒，但在这个问题上我们应认识到，男孩看起来比女孩还敏感。弗洛伊德还记得母亲生下妹妹安娜当天他有多绝望地寻找母亲。

妈妈通过触摸、抚慰和微笑给她的宝宝带去人类的温暖，她的宝宝会很快回应她的微笑，她也会通过充满爱意的眼神和话语温暖她的宝贝。这是很自然而且很基础的行为。从出生起，婴儿就尝试着表达他的需求，而找到充满爱和抚慰并适合自己也适合宝宝的动作是母亲的责任。每个母亲都知道如果她总是立刻回应宝宝的所有要求，她会变得很累。这个小天使，不管是女孩还是男孩，都应该在我们给他划定的界限内活动，他也不会因此缺失爱。

所有最近的研究都坚持认为从出生起男孩女孩的反应性就不同。著名育儿师布拉泽尔顿（Brazelton）对新生儿行为评价量表的研究，证实了男婴对环境的改变反应更激烈且更不会自我安慰。换言之，与女婴相反，男婴的母亲不在时他们很难从刚睡醒和兴奋的状态转向自我调节的状态。研究也表明，母子间的二元关系比母女关系更一致，也就是说母子会在给定的一段时间内处于同样的行为状态中。这一点母亲自己就能发现：她自己对儿子的规律，特别是饮食的规律比对女儿的适应得更好。现在我们终于了解了母亲更喜欢与女儿聊天，但更喜欢触摸和抚慰儿子的原因：这可能是为了安慰他们。

○ 整日黏着母亲

“待在衣橱的最里面，脸埋在母亲的一件旧连衣裙里。”这就是儿子对母亲依恋的最原汁原味的表达，也是最有意义的场景。正因为这句话承载了多米尼克·雅麦（Dominique Jamet）对母亲所有的柔情，所以我们才如此感动，他母亲很早就去世了，从来没有人能代替她。这个场景也让我们想起那句经常能听到的话：“他整天黏着我！”这句话表达的感情是很矛盾的，混合着开心和恐惧——开心的是儿子对自己的依恋，是小男人对自己的爱，恐惧的是自己或他的欲望可能造成的后果。

在2～4岁间，孩子的独立性会得到发展。通过拒绝顺从、在母亲前面跑、让母亲在街角等着或到处找他的方式，他确认可以自己思考、自己行动。他意识到了自己和其他人的不同，但这并不会让他不害怕被孤立或被抛弃。从他能从镜子中辨认出自己开始，他就知道他的身体是属于他的，并且会把自己的身体和其他人的尤其是他母亲的区分开。他会开始寻求身体接触以使自己从她的爱、她的热情和她的保护中得到安慰。在这个年龄，孩子的自我意识是通过我们给他的眼神、对他的倾听和触碰形成的。进一步说，男孩很少并且很晚才会用语言表达自己的经历——他会用有意义的行动表达。妈妈的裙子不仅仅代表了漂亮柔软的布料，对小男孩来说，感受到母亲愿意让他藏在自己裙子里的事实也是至关重要的。

○ 羞怯的必要

在七八岁时，男孩会自动转向父亲的怀抱。对父亲说的话比以前多多了，这时的儿子总想跟父亲玩或希望父亲陪他参加体育活动。同时，他看起来与母亲疏远了。在这个时期，很多男孩都表现出了一种羞怯的需要，这种需要不只体现在关于他自己的事情上，也体现在关于他父母的事情上。我们把这个时期称为潜伏期。这个时期男孩的求知欲会增强，会变得更安静，也会更好地控制情绪，并开始接受独自学习课程，希望参与到餐桌讨论中。他的精神主要是通过面对让他激动或焦躁的事物时的防御机制发挥作用的，我们把这种机制称为“反向作用”。

对心理分析师来说，反向作用是一种心理态度，这种态度是走向被压抑的欲望的反面，并且对此形成反应。它通过协调抑制作用转化了性格形态，因为不被接受的倾向被反向倾向代替了，而且这种代替是永久的。所有围绕性产生的问题都变得尴尬。反向作用其实是心理反作用力，对性吸引造成了阻碍，走到了俄狄浦斯情结期的反面。男孩会自动表现出他的厌恶或害羞，或是说一些有强烈道德观的话。他可能会变得特别有条理、节约或者固执。他的固执可能会变成挑衅，让他突然暴怒，这对他母亲来说是很难接受的。同时他的自私，特别是与兄弟姐妹在一起时的自私变成了反常的慷慨，他幼稚的残酷行为变成了同情，这种转变与强烈的正义感有关——这些往往都是家庭讨论永不枯竭的话题源泉。

○ 他自己上学

男孩表现出的责任感可以给他们更多的独立性，就像男孩自己经常要求的那样。让男孩明白他可以自己去上学——如果距离、安全性和交通工具允许的话——对他来说是很重要的一步。这会让他准备好面对下一个阶段：对自己自主性的管理。证明男孩可以做一些过去不允许他做的事，会让他对自我的评价更高。如果可能的话，我建议在此加入一个过渡阶段：跟朋友一起独自上学。这种做法的优点是可以让男孩安心，让他拥抱社交生活，帮助他与人交流，推动他与别人分享他的兴趣、努力、笑容和他的恐惧。

○ 展翅高飞

除了个体特点，青春期对每个人来说都是人生的关键步骤。男孩的睾酮素差不多会增长800%，是女孩的10～20倍之多，所以对男孩而言，不能用与女孩同样的方式解决问题，对他周边的人特别是对他母亲来说，也是一样的。

他一下子就长大了！

在青春期之前，随着儿子的成长，母亲已经因他们的节奏、冲劲、情绪起伏，以及对女性敏感的本能表达而感到不快了。母亲希望把儿子抱在怀里，抚慰他，而他却不停地动，想玩点儿刺激的；她想给他理发，希望他是最帅的，而他却把手插到头发里把它们弄得乱七八糟；她请了一些朋友来家里吃饭，而他拒绝睡觉，一直在客厅里跑来跑去。

到了青春期时，这个充满活力的孩子变了：他一下子就长大了，变成了帅小伙，在他母亲眼中的形象如此和谐，真实又梦幻。接着，他成了“瘦瘦的大高个子”；再然后，他“变丑了而且满脸青春痘”。此后，他会开始反抗，并强烈表达他的诉求；他的情绪变得捉摸不透，他会自己选择衣服和鞋，他的生物钟也调整了，起床和睡觉的时间都变了；他要自己决定事情的轻重缓急……总之，他要自己掌控自己的生活。

每个母亲都知道儿子并没有变得更坚强，他只是装模作样罢了，所有母亲都应该知道尽管从外表上看不出来，但这个“大傻瓜”还是像从前一样爱她。她们要面对的问题就是继续做自己，同时儿子也以他自己的节奏生活，也就是说不会按照母亲的节奏生活。在一个关于婴儿和青少年的会议上，精神病专家贝尔纳·戈尔斯说了一句立马在我脑海里回响的话：“婴儿每天早上醒来都会想的问题是：她会和昨天一样吗？”婴儿发现昨晚幸福地睡觉前看到的母亲脸庞和微笑时，会很安静、很开心。我马上就有了如下想法，并且当众说了出来：“青春期的问题是一样的，但角色反过来了。这次是母亲担心地自问：他会和昨天一样吗？”然后整个大厅哄堂大笑。

在人类思想持续的矛盾性中，这种矛盾性在青春期是很明显的（想要做自己同时又害怕难以做到，想学习其他人优点的同时又想特立独行），还加入了一种无所不能和无能为力的特殊矛盾。青少年（初中年龄）失去了童年时的相对平静，用语言表达思想和感情的困难以及身体上的烦恼（如青春期生理变化），有时候是很难被新生的潜力和获得的新快乐抵消的。

自出生起，每个人的内心深处都存在一个在别人的需求和自我的满足，在幻想和失望间保持个人平衡的关键点吗？这种平衡在青春期时特别脆弱，此时的孩子对于感知走向这些极端情况的紧张形势是很敏感的。我们在这个时期能感觉到失去平衡的危险，这种危险可能会让人为了保持平衡而拒绝冲突，然而代价就是痛苦的无能感，但这也是对心理崩盘或更坏的结果（如失去内心和谐这种恐惧）的最后防御。

从主观化或依赖性的调整角度来说，青春期进程的特性就是围绕抑郁问题进行的特殊调整。青少年寻求可以让他同时预防和管理人类自身冲突的方法，但这些冲突在这个人生阶段是尤其暴力的。负罪感、羞愧和羞耻感就是这些心理活动产生的感情。他会跟自己自恋的形象做斗争，寻找母亲的支持和爱也是一种威胁，因为这留下了太多母亲照管的印记。为了解决这个难题，很多青少年发明了“杂技游行”的方式。他们强迫他们的父母，特别是他们的母亲以同样的方式给他们反馈。避免这种情况的方式是采用一种固定的教育模式，要么采取完全放任自流的态度，要么对其施加永久的焦虑的控制。唯一的问题就是这些模式早晚都会失败，所以最好采取灵活移情的方式，一种让人联想到平衡杂技演员而不是库特林（Courteline）笔下机关职员的态度。不妨选择跳一种参与者可能在某时某刻跟不上音乐节奏或舞伴舞步的舞蹈。因为跳舞的时候，如果从某个方面来说没有得到足够的快感，错误的舞步或停顿会是个威胁，但与其冒着让孩子同时也让自己抑郁的风险，不如尽力做到在最好的贪得无厌的欲望和矛盾地接受这种幻想和失望间永不停息的摇摆，才是最正确的选择。

分离、关系破裂和失去的意义是不同的。分离指的是失去的过程还没有完成的情况；破裂指的是引起创伤的情况；失去则是另一半再也不会以像从前一样的方式存在了。

不论是哪种情况，它们一起在青春期出现的频率已经不言自明了。成为青少年，就是与家庭环境分离，这种分离通过他的生活环境和他周围的人完成。朋友、社交或职业活动和娱乐方式会根据环境、义务和对未来规划的不同而改变。大部分分离都是因为新的相遇、新的兴趣和新的目标，但在这些分离发生时，曾经很深的依恋关系对青少年和父母（其实就是对母亲）来说就破裂了。

青少年有很多事要做，因为他要完成一系列的告别。第一种就是告别母爱的庇佑，告别母子关系代表的理想的幸福状态，但也存在与“俄狄浦斯式母亲”的告别，因为这种告别要面对活生生的人，所以更加艰难。就像温尼科特写的那样：“问题已经不再是刚刚进入潜伏期时，无意识地抑制对俄狄浦斯目标的爱，或内化对情敌的禁忌，以保持对父母形象和亲子关系的依赖。这个阶段涉及对俄狄浦斯式情感投入和对父母依赖性的告别，同时与父母建立新的内在和外在关系模式。即使在成熟期，成长过程不会有什么大的危机，但一些调整中的尖锐问题还是会出现，因为成长就是取代父亲或母亲的位置，而且这种取代是应该发生的。在幻想中，成长是一种自然意义上有侵略性的行为。”

关于告别，青春期的心理调整是很明显的，因为失去的东西有很多，而且可能同时发生。自我被削弱了，自我评价的变更也很频繁，心理活动更加复杂、更加丰富，反映了各种不同的意义和决心。但最重要的是，因为一些失去不是磨难，而是礼物，是生命中必要的幻想，有助于自我肯定。

青少年的房间

青少年的房间是他脑海里发生之事的完美再现。他保持整洁与否、关门与否，是否拒绝陌生人进入或反之开放他的房间，都是有意义的（同理，我们可以讨论浴室的情况，他是否丝毫不考虑其他家庭成员的需求而独占浴室）。男孩再也不想让母亲直接冲进他房间的时刻，总会到来，他表达出的原因是整齐、清洁度或者他已经不是小孩子的事实，而妈妈是以相反的方式看待这些原因的。除了上述借口，这是因为一种不太好表达的私密的尴尬。我们会想到手淫行为、梦遗、被母亲发现的用来掩盖自己男性特征印记的床单。

这种害怕被发现的情绪还掺杂着某种骄傲，掩盖了一些更深层的因素。

我们一起回顾一下阿蒂尔的故事。这个13岁的男孩甚至在我跟他说话之前便对我喊道："我不喜欢别人挖掘我的过去！"他为什么会有这样的入侵式幻想的表达呢？阿蒂尔的这句话是刚进入青春期的少年的典型状态，这个时候我们希望被猜测，同时也害怕被看透。少年要对抗发育的恐慌，当他走向前方与所有外界入侵做斗争时，控制和支配机制就会起作用。少年的不安全感越强，他就越想控制一切，这种控制体现在严厉的性格、拒绝重复的行为、讽刺夸张且有极强影射含义的想法，以及自恋的认同感，因为他要在自身之外的各个方面找到第二个自我以确定自己的身份。

这种掌控一切的需求驱使少年以他们想要的方式——而不是人们本身的样子——来看待周围的人。他认为自己对周围世界的判断反映了世界本来的样子，并不包含个人主观视角，其实这正是他的主观视角。这就是为什么他很难进行自我反思、提出问题、产生怀疑、达成谅解、整合自己的思想。如果在预想事实和实际事实之间有了偏差，他和别人就会发生冲突，内心最深处的焦虑就会重现。控制的悲剧之处在于，如果它可以使自我更坚强，它同样也会剥夺自我分享快乐的喜悦和吸收别人建议以及良好品质的可能性，包括对差异的包容或在交流的快乐中包含的被动型忍受。

这种无法包容差异且在没有别人看法支撑时无力进入自我角色的情况会催生无能感，甚至绝望感，而少年立刻便会感知绝望带来的威胁。

阿蒂尔在另一堂心理治疗课上跟我谈到了他的身体状况，对我说他不能再打网球了，因为他的膝盖疼。他咨询了很多专家，但他们什么都做不了。当他对我说起这个看上去无关紧要的问题时，他感到伤心、不幸和愤怒。我问他为什么这些困难就能让他处于这种状态，他对我解释说网球对他很重要，因为打网球可以让他跟别人对抗。他补充说："如果不能跟别人对抗，活着还有什么意义呢？我们这么孤独……"不能统治别人，也就不能拥有控制的感觉，对这个男孩来说，这是他抑郁的一个重要原因。

少年身上这种对自我不能掌控世界的极大恐惧，就是将自我的某一部分拱手让人，在面对别人时再也不能做自己了——换句话说，他自恋的感受被威胁了。那句"我不喜欢别人挖掘我的过去"也可以以这种方式理解。同时很矛盾的一点在于，这个少年还期待别人充当他所有形象和感情的贮藏室这类角色。"抑郁的威胁"依然存在，因为如果青少年放任自己掉进"温尼科特的抱持环境"[1]，倒退回对母子关系

1 唐纳德·温尼科特提出了"抱持环境"理论。他认为健康的建立离不开母亲对婴儿的日常照顾和爱，母亲拥抱孩子，给孩子洗澡和喂奶的方式等构成了婴儿对母亲的最初印象。——译者注

的享受和依赖，这种风险就会露出端倪，失去自我又失去母亲的危险也会逐渐显现。

阿蒂尔的故事也显示了青春期初期心理治疗工作的困难：建立相关进程的时间有时花得太多，我们经常停留在眼前无关紧要的阶段（“那在学校情况怎么样？这周你都干什么了？你的朋友们还好吗？”等等）。时间方法停留在了静止的现在，没有涉及一点儿过去或未来的形象。少年对他一天流水账式的描述——就算他愿意讲——也很难涉及自由组合规律的随机关系。正如克莱尔-玛丽娜·弗朗索瓦·彭赛（Claire-Marine Francois Poncet）总结的那样，幼稚的状态太过真实，无处不在，根本说不完，而未来太过梦幻，根本无法实现。

少年是未来的入侵者，会通过变得有侵略性，让成人遭受不断重复的挫败感来保持控制“共同思想”的快感。“共同思想”的概念由丹尼尔·维德洛谢（Daniel Widlocher）提出，我们将重点讨论这个观点。当与成人交谈时，青少年拒绝对童年的依赖，他感到离童年特别近，但他也害怕步入他同样感到接近的成人年龄。他觉得自己有义务去思考，以及在现在、过去和未来之间建立联系的义务，但他不允许成人代替他做这些事。面对这种矛盾，一个治疗师只能回应支持他的迫切需求，给他提供能重建被发育期的兴奋威胁的自恋情绪，并减轻面对冲动生命现实化时脆弱的自我所带来的负担这种特殊疗法。校园生活、家庭生活、友情生活的现实，都需要对隐含的威胁进行解密：太相信某个人，所以有失去他的危险。由于少年被不确信他人之爱、自己波涛汹涌的激情和想变成唯一的烦恼萦绕，他有时会顺理成章地想保持沉默，那么我们应该理解他：其实他一直害怕说得太多或说得不够。

寻找另一个女人

当男孩长成青少年时，母亲应该放弃对儿子过度的爱。截至此时，母亲都是唯一享有这份特权的女人（有时她可能会与奶奶或外婆共享这个特权）。今后，她的小男人会有爱情和性生活，无论是想象中的还是真实的，这样他就会逃脱她的掌控。他会吸引别人，激起别人的倾慕和欲望，甚至当他和母亲一起散步的时候，年轻姑娘的目光都可能会停留在被母亲一直当作小男孩的儿子身上。诚然，她会为孩子的诱惑力感到骄傲，但她也会因此感到嫉妒。有些把儿子看作人生主要意义的母亲特别难忍受这个改变，她们会反思自己的生活和自己的未来，甚至可能突然感到自己来到了生命中的一个难关：自己变老了。她们在儿子的目光和行为中觉察到的吸引力在她看来要慎重看待。这种状态体现出的掺杂着骄傲和无意识攻击性的心理可能会引起矛盾的态度。

为了面对这种个体的“自恋考验”，有些母亲过分强调她们儿子身上的吸引力，这是一种拒绝此时就要告别的方式；另一些母亲无意中过多地控制她们的“宝宝”与女人的所有约会；还有一些母亲同样是无意识地在情感上对儿子的弟弟或妹妹极端地转移；最后，有些母亲会接受甚至用柔情蜜意的目光珍视这个阶段，因为她们知道他永远都是自己的儿子。

○ 他是男人，但永远都是我的“小男孩”

热纳维埃夫对与一个可以共度余生的男人的相遇已经等了好几年。她现在60岁，打算退休但很担心自己的晚年生活，如果她独身一人的话，生活是很艰难的。

一天，她笑着来跟我说一个朋友给她介绍了亨利，他妻子去世两年了，与她年纪一样大，他也不想孤独终老。故事开始了，他们一起度假，有了更清晰的规划。亨利希望把她介绍给自己83岁的母亲。他们终于见面了，过程很愉快。热纳维埃夫在15天后接到了亨利母亲的电话。这位母亲说她很为儿子高兴，也觉得热纳维埃夫很热情，很了解儿子，确实是个适合他的女人。然而亨利母亲还想问热纳维埃夫一个问题，尽管有点儿尴尬但她还是问了：“这是我们女人间的事！”这个问题是：“你真的爱他吗？”热纳维埃夫完全震惊了，并用确定的语气回答了这位母亲，心想这位母亲在儿子60岁时依然担心他，就像他20岁时一样。

不只是亨利的母亲，对所有女人来说，儿子永远都是她们的“小男孩”。这种爱与从生到死的母性表现形式不同，但不论何种表达方式，这种爱是最持久的。即使在让·谷克多的《恐怖的父母们》中，我们也能在贪婪且偶尔有破坏性的热情中觉察到这种爱的永恒。对母亲来说，她看着从出生到长大的儿子，心甘情愿地忍受着他做的蠢事，在他身上感受到爱但同样能感受到想摆脱她需求的儿子，她看着他忍受痛苦甚至看着他爱上别人的女儿，这个男人仍然永远是她的最爱。只有当他让她很失望、很伤心、很残酷地对待她或是完全抛弃她时，她才会对他抱有深深的持久的不满。

怎么对他说话？

我们与跟自己相像的人交流起来会更容易吗？你可能本能地倾向于回答：是的，考虑到母亲与女儿交流得更顺畅，而儿子与父亲交流得更好的话。然而，不论是女儿还是儿子，人们学说的第一种语言都是母语。虽然荷马的《伊利亚特》就已经指出佩雷在死后依然能与他儿子对话，也有很多人都主张能确保宇宙象征秩序的语言，也就是说含有能被人类社会分享的意义的语言，是与父系话语密切相关的，但我们真能因此确定父亲对儿子说的话比对女儿说的多吗？他们真的更喜欢与儿子玩耍吗？他们对涉及自身的内容谈得更多吗？他们对儿子的学业更感兴趣吗？他们更喜欢激励孩子在各个领域都取得进步吗？虽然这种情况被客观论证过，但事实并非如此，这难道就能证明相比母亲而言父亲能更好地与儿子交流吗？

不要忘记如今的父亲一般都是在否定自己情感的过程中长大的：男人之间不会轻易表达内心深处的情感。反之，母亲的作用就是帮助儿子理解他们自身的感受，以及在他们身上反射自己的情感。孩子通过观察自己镜子中的形象了解身体怎么运动，也通过观察自己的情感在别人身上的反射来理解自己的感受。

母亲应该运用她这种近乎情感语言专家的能力，特别是与儿子在一起时。她并不仅仅拥有这一件武器。当3岁的朱利安任性地在街上打滚时，当9岁的阿德里安看电视不去吃饭时，当16岁的阿列克谢不想结束与一个可能是同班的普通女性朋友煲电话粥时，谈话是远远不够的。那母亲要做什么呢？什么都不说然后让唯一的权威角色父亲去管吗？不行。权威和不以为然的沉默不是一回事，权威也不等同于父亲。作为母亲，她应该知道如何行动并且将自己的魅力融入权威之中。

“求你了，让我高兴一会儿吧！”为了让儿子听自己的话或者顺从自己，多少母亲说过这句话啊！这其实是换一种方式对他说：“你对我来说很重要。”父亲很少使用这种类型的语言，而且很不愿意把吸引力和权威性联系起来。这种混合是为了谨慎地支配控制，因为尺度很难捉摸。过多的吸引力会破坏权威性，过度的权威则会毁掉孩子感受到的吸引力所引起的效果。母子共同幻想的没有烦恼、没有冲突的完美关系依然只是幻想，因为母子二人都知道一段爱的关系一定会有充斥着沮丧、限制和痛苦的时刻。

○“埃米尔不听我的”：要权威而不是侮辱

男孩总是有很多精力去反抗或者不服从母亲的建议和要求。“他根本不听我的，因为他是个男孩”，一些母亲如是说。与儿子相比，母亲会更快地因为这场日常战斗而筋疲力尽。应该如何应对这个从婴儿期就开始以卖弄的方式寻求自我肯定的小男人的任性呢？首先要将所有孩子平时都会有的即时性的零星任性和一些家中“小霸王”让人讨厌的态度区分开。对第一种情况来说，惊慌失措是没用的，不妨将他们的注意力转移到别的兴趣点上，或给他适当的抚慰，他们的任性就会像被施了魔法一样消失了，比如，用回家之后玩小汽车的建议代替小贩的冰激凌一般来说是一个很有效的调整策略。至于第二种情况，问题无疑更严重：家中“小霸王”往往是内心备受煎熬的孩子，但他的煎熬完全被外在侵略性和暴力的态度掩盖了。

○“让太敏感了”：要教育不要伤害

《恐怖的父母们》的作者，让·谷克多很喜欢他的童年。他被他的母亲，内行的音乐迷欧也妮·勒孔特（Eugene Lecomte）保护得很好，让他从没有受到过外部世界的伤害；他也被家庭女教师约瑟夫·埃贝尔保护得很好，她给他读了《穿靴子的猫》《汉塞尔和格勒特尔》和《睡美人》。不久之后，对这些童话的记忆使他产生了一种对奇闻逸事的狂热期待，“童年绝妙的气氛”又重现了。他的表姐玛丽亚娜这样评价他：“这是个超级敏感的男孩，他喜欢穿女孩的衣服。真是一个特别奇怪的小男孩，还非常脆弱。大部分时间他妈妈都在床边看护他，围着他团团转……”我们经常把男孩特别敏感的原因归结于母亲过于保护他们的态度。然而我们很难周全地考虑因果。到底是因为让·谷克多特别脆弱所以他母亲才过于保护他还是反之？到底是因为他母亲的保护欲过强所以他厌恶孤独还是反之？我们唯一能确定的是，不是所有特别敏感或厌恶孤独的孩子都能成为让·谷克多。

○“尼古拉对自己缺乏自信”：要保护不要判断

10岁的尼古拉与同龄人相比个头很矮，他也因此感到很自卑。在学校里，他不能很融洽地与伙伴玩耍。他的女老师形容他是一个十分腼腆的孩子。这个男孩出生后的前三年生活是很艰辛的，能长到如今这么大也很不容易：他是早产儿，睡觉进食都有问题；他很晚才开始说话；他感染过很多种疾病（耳炎、支气管炎，等等）。他还曾被确诊患上了哮喘，需要住两次医院。虽然这些事情说起来很简单，但让他的父母很煎熬。

从他很小的时候开始，他妈妈就一直尽力保护他，同时尽量不把他和他没有任何健康问题的兄弟姐妹区别对待。尼古拉有时很享受作为“脆弱的孩子”的状态。当他不看电视的时候，他很喜欢玩电脑，他会在电脑前待好几个小时而不是学习他的课程。他认为自己很笨，但毫无疑问，这不是事实。他觉得自己做错了的时候，会设法应付以博取同情，他会说他没有朋友或者他感觉很累。他母亲不想反驳他，并尽量不去评判她明显能感觉到的他的小花招。她很清楚她的批评只会引起他的愤怒或自省，这是她不愿看到的。在一次约谈中，她向我解释道，她丈夫觉得她对这个儿子太仁慈了，并认为她“任凭自己被骗”。这次约谈是她主动要求的，她想借此确定她应该采取何种态度。

在单独见了这个男孩之后，我意识到尼古拉没有自信，在他充满花招的行为背后隐藏着与兄弟姐妹相比，对自己无法满足父母期望的深深焦虑。所以我建议他母亲依然不要评价他儿子，还要回应他对自己的期待，要让他知道她会让他免受那些焦虑的困扰——也就是他内心感受的困扰，在每个条件允许的时刻向他指出他所有做得成功的事情。而且我对她说，在她知道儿子想对她耍花招的时候，她完全没必要控制自己的愤怒情绪，这种愤怒的等级显然与让她爆发的问题有关。我还要求她之后要向儿子清楚平和地解释她为什么会生气。

对母亲来说，对自己儿子发怒永远都不是件容易的事：这样的态度会有很大的感情代价，但与其不合时宜地爆发，还不如在合适的时候释放自己的愤怒。

○ 母子间的对话

什么是“互相理解”？首先，双方都要理解交流中的话语和相互传递的信息的意义，也要觉察到情感倾向和隐含的意图。母亲要明白她儿子“什么都不想听”，他会顶撞她，但他依然在试图维持母亲对他的关注和情感联系。当孩子听母亲的话时，他会将母亲对他说的具体内容当作情感交流，反之亦然。这种类型反应的典型体现就是下面这句我们经常能听到的话，要么是孩子说的，要么是父母说的：“无论如何，你总是有理！”

与儿子交谈并不总是那么容易。然而，正是通过男孩一般不擅长的语言交流，大家才能确认自己的与众不同而不是向暴力妥协，并能意识到自己和别人的相似之处，而不是困惑不已。我们已经认识到了，男孩的问题是要将自己与母亲区别开来，同时不会失去她的爱和她的认同，谈话中他们共有的语气（默契、私密、尴尬、严厉、敌意）对这点来说最重要，它在很大程度上决定了他们的亲密度，也决定了他们分开的距离有多远。

虽然，一次对话的情感质量并不是在某个瞬间突然产生的，它源自讨论的话题、周围环境、一段历史如孩子的历史或母亲的历史，源自母亲与兄弟的关系（如果她有的话）、与父亲的关系、与男性朋友的关系。当她们与儿子交谈时，母亲会陷入与男性的关系中最私密、最个人化的状态里。

如今，在我们的社会已经没有直截了当的教育模式和稳固的家庭模式了，寻求与儿子亲密关系和想要“被理解”的很可能是母亲，以往的母子角色被颠覆了。面对一个15岁的小伙子时，一个朋友般的母亲想要消除代沟，维持儿子对美好童年的思念并且永葆青春的愿望已经很常见。面对一个试图“引诱”儿子，为了更好地认同她并且找回青春的母亲，青少年可能会找不到他寻求的界限。如果引诱的态度十分强烈，也会造成青少年无法忍受的兴奋，这种兴奋会通过各种不同的方式发泄出来，有时甚至会通过病态的方式（梦游、宣泄、吸毒，等等）。

无论如何，想要与孩子相像的父母非但不会帮到他，反而会将他的任务变得更复杂，因为这会束缚他区分和独立化的可能性。反之，过于严格的父母也不会让儿子有良好对话的体验，因为冲突很快就会变得剧烈，这样的冲突会促使男孩放弃或逃跑。在这两个极端情况中，母亲都应该迂回前进：不要怕与儿子交谈，要知道在某些时候，他们会拒绝或反对这种交谈。但男孩需要了解母亲的想法，她的想法丰富并且能让他更好地确定他自己的想法。交流的缺乏可以看作差异化对待的表现，特别是家中有女孩时，母亲自然而然地跟女儿交流时。然而我们要认识到，尽管这种交流是必要的，也并不总是那么容易。

对母亲来说，除了她优秀的自然天赋，还有三个黄金法则可以有效地帮助母亲让儿子听自己的话：要指向他的所作所为而不是他是什么样的人；学会对儿子谈她自己的感情，但不要过度；要将权威和吸引力结合起来。

3

男孩和他的
母亲，姐妹，兄弟
以及他的父亲

第七章

母亲的作用是什么？

提出这个问题可能看起来有点儿矛盾，因为一定程度上母亲对儿子的作用好像是显而易见的。母亲对宝宝来说是不可或缺的：她照顾他，给他带来舒适感和安全感，没有这些，宝宝是无法成长的。小孩子对母亲的依赖也会促使母亲悉心照料他。在母亲照顾一个如此依赖自己的孩子的意愿中还夹杂着感到自己被一个脆弱的生命需要和无可替代的满足感。从表面上来看，当幼儿成为青少年时，事情就完全不同了。另外，你家的青少年并没有放弃确认他的父母——包括你，他的母亲——除了束缚他之外对他什么用都没有，但事实果真如此吗？

母亲最重要的五个品质

科学研究证实，如果有必要的话，婴儿会在与母亲的接触中获取一些人格特点，而不是通过遗传获得。如果在出生后的第一周，他是被一位专注温柔的妈妈照顾的，他接下来的性格就不会那么胆怯，并且会有更好的抗压能力。

相比有不同情感需求的女婴，若想成为一个男婴的“好妈妈”，以下五个品质是母亲必须拥有的：

1. 对宝宝的信号有足够的敏感度；

2. 接受宝宝的行为；

3. 配合宝宝的节奏；

4. 开放的情感；

5. 有关心自己以及孩子思维状态的能力，也就是被心理学家定义为“投射作用”的能力。

从一岁开始，孩子就会根据父母的动作和脸庞知道自己的行动：没有一个孩子不需要父母的支持和允许的目光就能发现这个世界。不久后，在两三岁时，这个小家伙会寻求自身独立，会跑在母亲前面，藏在街上的某个角落，但很快，他就会去看母亲有没有追他或等他来使自己安心。为了让孩子感觉自信和得到支持，在他出生的头几个月就该让他感知到母亲对他发出的爱或悲伤的信号，并使其对此具有足够的敏感度。否则，他的精神会出现偏差，让他本能地陷入极端的探索、体验和冒险中，而不会意识到危险和他自身的脆弱。青春期时的孩子会产生一种自己无所不能的错觉，这种错觉的表现形式就是冒险行为，这对孩子来说很危险，而对父母来说是无法忍受的。

你可能会说，开放的情感是一种很难量化的事物。没错，我们以孩子睡觉的问题为例。妈妈经常说她们晚上甚至会在宝宝哭喊前就醒来，但接下来你应该在房间独自哭泣或把儿子抱到你床上和你一起睡吗？偏差的出现是因为母亲习惯与儿子一起睡，有时甚至睡到青春期或是更久。我见过很多孩子与父母，尤其是与母亲一起睡的例子，如果孩子有父亲的话，不管是父亲还是母亲都不会对此吹毛求疵。父母感情上太开放，忽视了年代的差异，有些专家认为这些行为将来会在这个小伙子身上养成一种花花公子的性格，让他因为以母亲为傲而难以步入爱情生活。那我们的意思是不应该陪儿子睡觉，也不应该在周日早晨把他带到自己的床上吗？并不是，但我们需要一个特殊的理由，因为我们要过节，因为我们在床上吃早餐，因为孩子病了，因为他害怕，等等。通常我们在这种情况下诚实地扪心自问，就会发现合适的尺度。“作为父母，我要不要把我的孩子带到我床上？这是为了他还是为了我？这是因为他感觉不舒服还是为了满足我自己热情和情感的需求？”如果是为了满足个人需求，那么答案就是“不”！这就是尺度。

当孩子长大了

如果我们是母亲，我们一辈子都是，但我们对儿子的关注是不断发展变化的。当他是婴儿时，我们对他很感性又很敏感，随着他年龄的增长，这种感情会变得越来越谨慎，越来越有伦理性。

○ 保护

如果母亲是孩子侵略冲动的日标，她们还有一个更加重要的作用：“小夜灯”，也就是永远的参照和保护作用。孩子是很脆弱的存在，因为他还意识不到自己的极限。对自己极限的探寻可能让他陷入极其危险的境地，而父母的作用，就在于监护他所成长的环境，并让该环境成为毁灭体验源头的这种可能性降到最低，而这个工作通常是由母亲完成的。我们只需要看一看那些在海滩或游泳池边上用眼角余光监视她们儿子的母亲就好了。

当然，随着年龄增长，这个环境会变大，但父母在孩子青春期之前依然是他们最大的保护伞。如果父母没有起到保护伞的作用，男孩会做出挑衅的举动，尤其在青少年时期，这种挑衅的目的跟他小时候是一样的，当他跑在母亲前面为了确认她是否会追他或叫他。童年时想要独立的需求永远伴随着内心深处认为这盏“小夜灯”会永远亮着的需求，特别是对母爱的庇佑的需求。

○ **克制和惩罚**

母亲的作用是矛盾的，因为这不仅仅涉及提供庇护，还涉及克制因小男孩的任性和可能伤害到他自己的多动引起的愤怒。因为大部分母亲都深深地爱着自己的儿子，她们也有被儿子爱的需求，但这种需求不应该剥夺她的权威，也不应助长权威的完全缺失。

儿子学习纪律的过程，也就是让他接受父母对他的要求或让他听话的过程，在此过程中必然会发现有替代惩罚的选择。惩罚不应该被禁止。在过去一二十年里，父母不太敢惩罚孩子。他们错了。当你的儿子太过分时，如拒绝放下游戏、拒绝穿衣服或睡觉时，你有权惩罚他。但惩罚要与孩子的不听话程度相对应。同时，惩罚不应该涉及与焦虑有关的不听话（拒绝吃饭、拒绝入睡，这与拒绝去睡觉是不同的，等等）。

一般来说，母亲知道并且应该区分重视儿子的感觉（高兴、疼痛、焦虑、羞耻）和对不受欢迎行为的强烈注意。宽容并不是纵容。如果纵容是允许孩子做出有危险的、让人讨厌的或与指令相反的行为，表达宽容则是接受孩子不是大人的事实，他会有孩子的情感和行为。母亲也可以容忍儿子在她规定的时间内玩耍，比如在洗澡的时候，因为她知道孩子就是孩子；反之，一旦过了这个时间段，她就不应该再让他继续玩了。

○ **打击**

另一个关于母亲作用的悖论在于，母亲应该经受且必须经受得住当儿子失去理智时猛烈笨拙的进攻。她应该学会“承受打击”——当然不是身体上的，即使这个表达方式有挑衅的意图。父母永远都是孩子被紧张情绪纠缠后的受害者，而且通常他们都处在面对大量青少年攻击性的一线。

母亲找到免受孩子攻击、毁灭、伤害或被打败的方法，是很重要的。总而言之，她的能力要与她的角色相匹配，也就是说不要逃避也不要被这种情况过度影响。想要幸免于难就要继续保持自己的敏感度，被儿子的行为打动或者感动，同时也要不断地对儿子保持兴趣，关注儿子甚至禁止他的某些行为。

表达意愿的权利

如果你的儿子享有什么权利，你同样也有。在40年间，我们从教育十分严苛过渡到文化信条被大量政策取代的阶段，前者对孩子的需求、先天能力和被倾听的权利了解得不够，后者则可能总是教育出牺牲品或是小霸王，然而我们不该听任孩子发展成这样。另外，这也不是孩子本身的要求，因为这使他们很焦虑。

○ **希望他也很像你**

当苏格拉底受做接生婆的母亲菲娜莱特启发而提出精神助产术理论时，他以另一种方式向世人介绍了母亲的精神——通过继承母亲的品行来证明儿子与母亲的相似性是可能的。通过身份认同，我们可以理解这个一般来说无意识的过程，个人在这个过程中可以吸收并理解别人的某个观念、属性、特征，在实践了这种模式之后，个人要么实现部分转化，要么就会完全转化。

对孩子来说，父母是认同感之源，在较小的程度上也是一种周边环境（如家庭、学校、朋友）。这意味着男孩在某个方面会很像自己的母亲，不光外表像，性格也像。有时，这种相像很明显，并且体现在各个方面，但有时也好像没那么明显或者被否定。然而，不管我们承认与否，事实依然不会改变。

孩子的身份是混杂的合成体，掺杂了一部分父母对同性和异性的身份认同，母亲对男孩来说也是异性。所以作为母亲，你有权认为你儿子和你很像，这甚至还会保护他，特别是在青春期当他认为需要在同性父母面前表现自己的不同和独立，并且在内心深处依赖其对父母形象的内化部分时。作为证据，我遭到过一些青少年的指责，当我把他们与他们的母亲比较，或清楚地指出他们的性格特点与他们的母亲有多像时，他们马上就发怒了。所以，母亲对儿子的爱很可能是建立在她从儿子身上发现的性格特征这个基础上，而这些特征在她自己身上也有所体现，这种相像是母子间亲密关系和心有灵犀的原因，但也有可能成为暴力冲突的源头。如果母亲在儿子身上发现了自己的性格特征而且她不喜欢这个特征的话，那么若有人在很艰难的时刻说出这句让人筋疲力尽的话："他很像他妈妈！"她就会特别烦躁。

○ 希望得到他的尊重

父亲应该比母亲获得更多的尊重吗？当然不是。与孩子的沟通建立在尊重的基础上，既要求孩子尊重父母，又要求父母两人尊重孩子。母亲有权期待儿子尊重自己，就像他尊重父亲一样。专家将这种观点称为"划清界限"，一种介于身份概念、人际关系和行为表现之间的观念。划清界限是"一个家庭成员或直接或委婉地对另一个家庭成员表达自己感觉和态度的所有行为的集合——事实上他的感觉和态度就是他对这个人的心智表征”。正是因为划清了界限，我们才能对一个或几个家庭成员说：“我是这样看你的。对我来说，你的领地在这里，它可能会与我的领地重叠，但它从这些或那些方面可以与我的区分开来。”

这种划清界限应该在现实中进行，从而使它也能在孩子的想象中实施。面对一个有侵略性或暴怒的男孩，我经常听到一些母亲对我说，如果孩子父亲在的话孩子就不会哭喊。还有一些母亲总说：“儿子对我缺乏尊重。”也有一些父亲承认：“儿子对他母亲缺乏尊重。”

尼古拉16岁，生性无礼，很不喜欢被束缚和承担义务，并知道在需要的时候展现自己的魅力，特别是与老师在一起时，而且他在这方面做得很过分。这个聪明的男孩向我解释说他父母总是什么都不让他做，并试图将我拉拢进他的“阵营”。作为兄弟姐妹中的大哥，他因母亲卡特琳娜对两个弟弟的放任自流心生怨恨。有很多次他们都吵起来了，他对她爆了粗口，并对她说了“蠢猪”这个词。这些话让他母亲十分失望，她不知道该说什么、该做什么。她期待她丈夫的介入，但当孩子父亲不在时这些场景依然会上演。尼古拉嘴上说他母亲太夸张了，并巧妙地引用了他父亲的话——他父亲有时会说他妻子太焦虑了，不知道怎么对付男孩。

有一天，尼古拉对母亲的不尊重再次上演，而且这次他再也不能骗人了。母亲为了让儿子现原形已经到了对他不管不顾的地步。抱怨、争吵、给父亲打电话、惩罚……她为了让儿子尊重她而使用的所有方法均以失败告终。每个人都任由自己陷入恶性循环中：男孩的不尊重和无意识的负罪感，母亲的被动和悲痛，双方失去了对彼此的尊重。

显然，卡特琳娜有权要求被尊重。最合理的态度应该是她在儿子说出无法容忍的话时就立即通过发怒或者伤心的方式惩罚他。尼古拉的做法已经大大超出了母亲容忍的底线，但问题仍如肿瘤般顽固，我们应该在给出建议或尝试改变前确立明确的界限，或为了尊重这个界限而在互相立约之前努力地互相理解。

要知道不尊重通常是爱的表现，特别是在青春期时，所以这种表现仍是很珍贵的，但仅仅知道还远远不够。这个需要自我认同、缺乏自信、潜意识中害怕与一直深爱的母亲分离的男孩，还不知道如何在表达他独立愿望的同时表达他希望母亲一直像过去一样做他的“小夜灯”。他的侵略性也都是为了摆脱对母亲的依赖。面对这种矛盾的行为或当事态发展超出控制时，只有第三人比如父亲、另一个家庭成员或者（如果有必要的话）一个好的专业人士，才能解决这种矛盾局面并且让一切重新开始。

○ **希望得到他的信任**

当一个男孩或早或晚地宣称：“我不能相信你！”我们该怎么办呢？而且有时他这种行为还是父亲支持的。首先要分清两种信任，对日常行为的信任（给记分册签字，提醒孩子约会的时间，准备运动服），以及源于内心深处感受到的支持、理解和爱的信任，这种自信可以在遇到问题的时候判断个人的坚韧度。对于第一种信任，作为母亲，你肯定应该渐渐地让你儿子为他对你的信任负责，这种信任有时还会转变为对你这个永远充满保护欲的母亲的依赖或利用。至于第二种信任，你儿子在这个层面上对你的信任是很深并且很自然的，但你只能通过传达你对他的信任感来强化他对你的信任，这也给了他一种可以自我认同的形象。如果感情交流是通过扩散的方式潜移默化地完成的，比如说焦虑会引起别人的焦虑，那么信任也是一样的。

信任感是相互的，而你教会他的责任感和自我管理不仅会让他信任你，还会让他相信自己。学业在这方面是一个很好的实验领域。你对于儿子课业和成绩过度的担心，可能会在他的学习方面，同时也在信任层面产生反面效果，因为我们忘了成功尤其要建立在自信的基础上。我们对一个孩子越不信任，他就越不自信。简言之，他最后会对别人甚至你——他的母亲缺乏信任感。

我经常接诊一些担心自己儿子的母亲，因为她们儿子的成绩在去年或前几个月大幅度下滑。儿子一般很抗拒看心理医生，而且会说如果没有学校，啥问题都不会有。母亲肯定了这个说法。接下来是寻找办法的阶段。当我没有在孩子身上发现严重的心理问题时，我会与孩子立一个约定而且问他是否同意我之后和他父母立同样的约定。这个约定是这样的："我相信你，你回去好好学习，但我要求你答应在下个学期结束的时候自己来找我，以便确认你是不是遵守了约定。如果你说话算话，你就再也不用来看我了；如果你说话不算话，就说明你其实有无法解决的问题，那你父母希望我接诊你是完全合理的。"

不夸张地说，在这些案例中，我很少会遭到男孩或男孩父母的拒绝。我们能从中学到什么呢？我们有权希望儿子信任自己，在建立约定的框架下信任他，我们会更容易得到他的信任。如果这个方法不管用，那就是因为信任感已经被强烈破坏了，或者已经涉及了另一个层面的问题。

○ **希望约束他**

安东尼是个16岁的少年，他有一些问题。他直截了当地宣称他“人身不自由，被监视了”。我脑海中立即浮现了好几个想法。这个跟随我进行了好几个月心理治疗的男孩学业上有一些困难，而且伴随着语言暴力，这种语言暴力偶尔还会针对他的父母，特别是他母亲，以及被他父母认为是“蠢事”的一些行为问题（在商店里被抓到偷DVD，与同学合谋“借自行车”，等等）。

当安东尼跟我说他觉得他被“监视”时，我对这句话的意思有片刻的不确定。他想向我揭示一些我忽略的事情，还是一些他没有坦白的事情，也就是判决、法律和社会监管的刑期？很快我就排除了这个设想的可能性，因为它与我和安东尼及其父母第一次见面的情形不符。于是我有了另一个想法，他经常抱怨的是父母对他一贯坚持的自由和独立要求的限制（从高中回家的时间，周中晚上出门的次数，晚上外出回家的时间，等等）。第三个想法也同时出现了：安东尼难道是想说在他允许自己或禁止自己做的事情上，在他感觉不得不做或不能做的事情上，他的自由也是被限制的吗？最后一个设想，安东尼也可能指的是心理治疗的状况，指向我本人，指向我这个他每周都会见的、对每次问诊都以各种不同形式的缄默应对的心理治疗师。

这个男孩在表达他的感受时说，对他来说问题的关键是，他能感到父母特别是他母亲对他永远不够信任的态度。比如，前天晚上他母亲允许他跟朋友去游戏厅玩，但半个小时后她就来找他了。当他跟我说到母亲在他的事情上过于焦虑的时候，我差点儿就相信他了。我对他解释说，他和我提及的这种“自由受限”对他来说无疑代表一种约束，但它也是所有家庭或社会规则的结果，这些规则是每个生活在集体中的个人都必须遵守的。唯一的区别就是，在他的家庭里，大家没有用明确的方式把这种规矩当作无法回避的必要问题提出来，他的家中缺乏对管理家庭和家庭关系法则的明确解释。事实上，他的父母从来没有说过：“你应该做这个，不应该做那个！”安东尼用自由受限这个表达方式来定义他与父母的关系，他认为这种说法是总结他感受的最佳方式。他又补充了一句意味深长的话：“但我母亲还是没有权利限制我。我父亲可以，但我母亲不行！”我问他为什么。他回答我说：“母亲就是为了爱而存在的，不是为了监视或限制。”

无论何时，青春期的显著标志都是对主体所属群体的组织方式和社会规范的认识和了解。著名的成人仪式就有这个作用：如果你在我们的群体想获得以后应有的地位，你就应该展现出你可以适应历史、生存和文化的需求。这一点无论任何时候都很必要，因为成长中的年轻人不会自然而然地接受社会规则，所以也不会接受自己做决定或思想和行动的自由受到限制。这就是个人和群体生存的代价。从很小的时候开始，为了让儿子健康成长，父母特别是他的母亲就应该给他立各种规矩，让他吃饭有规律，睡眠充足，让他去上学而不是玩乐，让他自己穿衣服，等等。

我提醒安东尼，如果没有那些他最近接受的限制，他不会成为今天的模样，那些限制都是为了让他成为最好的自己。他知道我说的有道理，但他告诉我他已经不是小孩子了。争论就是这么开始的。需要注意的是他身边的成年人，主要是他母亲，还有作为他的心理治疗师的我，我们自己也能感到自身服从于一个限制：我们无法接受这个少年按自己的方式生活，也不能接受他给身边人带来的生活方式。

与安东尼的企图相反，我对他母亲如此轻易地容忍他给家庭生活造成的困难和令人生气的结果感到很惊讶。母亲对男孩让全家忍受的种种限制没有丝毫反抗，这不禁使我暗想：这个因儿子的行为感到痛苦的母亲，是否曾经做到或者知道如何在儿子小时候就给他立下必要的规矩？换句话说，儿子的行为能给这个女人带来不易发觉的哪些好处呢？这里会涉及呼应无意识冲动需求、可以让她通过自寻烦恼来预防抑郁的个人魅力吗？会涉及她内心深处无意识地屈从于束缚的痛苦记忆相关画面的反应吗？那个时候她不知道怎么反抗这种束缚，而她儿子做了她本来想做的事？会涉及母亲无意识中因儿子而产生的剥夺孩子父亲权威的期望实现吗？

有时心理治疗可以让治疗师，多数情况其实是病人自己，惊讶地发现他们无意识中与表达出来的愿望相悖的动机。他们明确说出的话有时甚至与他们内心最深处的渴望正好相反。

对我来说，母亲有权在她们认定对儿子有用的地方约束他们：这是种保护和爱的举动。我还记得另一个接诊过的行为有问题的少年。他的父母因为他在胳膊上用刀刻了深深的字迹“杀了他们”而惊慌失措。这样的宣告其实隐含了一种爱的需求（“希望他们喜欢我！”）。男孩对父母，特别是母亲施加的自由或约束的明确指责，其实通常掩藏了他们被保护和被爱的需求。这个信息可能是矛盾的，只理解到第一个层面是错误的。

○ **希望保护他**

以此类推，母亲的另一个基本权利，与父亲一样，就是保护她的儿子免受所有他可能遇到的身体、道德或社会危险的伤害。如果她的儿子抱怨老师对他不好，那么母亲担心他是很正常的。母亲应该让儿子感到她会严肃认真地对待他说的事情并且准备见见这个老师。她儿子很可能夸大甚至歪曲了事实，也可能没有，但他说的已经足够澄清事实了——不管那事实到底是什么。同样，如果儿子抱怨在学校被一伙人攻击或在街上被袭击的话，那么母亲担心他也是很正常的。如果儿子抱怨一个成年人对他有不合适的态度或举动，那母亲的担心就更正常了。

诚然，区分事实真相，区分孩子不准确但诚实的表述和需要求证的谎言并不总是那么容易，但恰当地说，不管孩子呼吁的内容是什么，都应该被父母倾听。在最艰难的情况下，父母不要单独处理这个情况，即使儿子要求保密。要让孩子明白，他要隐瞒的可能是很严重的事。另外，交流和对话的时机对建立尊重和信任来说都是很必要的。

○ 希望与父亲共同教育他

为了帮助因为教育中的父亲缺位而处在困难中的儿子，一些母亲不知道向我寻求了多少次建议。在这种情况下，我一直试图担当的角色都是儿子和父亲间的摆渡人，这也是母亲所希望的。我一直深深地坚信，在每个有可能实现的时刻，对孩子的教育应该由母亲和父亲共同完成，不仅要在出现问题的时候共同教育，而且要在日常生活中体现父亲的存在感。虽然，在当今社会存在着一些很复杂，甚至导致共同教育无法成功的情况，但在父母都在的传统家庭中，问题的性质就变了：要么与父母的权威有关，要么与父亲和母亲对孩子在学业、情感和人际关系上的表现的期待有关。

父母的权威

男孩会很轻易公开地对权威提出质疑。他们可能会直截了当地宣称他们父亲、母亲或父母双方的权威表现是独断专行而又毫无意义的，父母只是表现了一种无理由地限制他们自由，甚至刁难他们的行为。他们很会钻父母对同一件事意见不统一的空子。然而，与母亲总是让步而且太容易让步的传统形象相反，如今的母亲通常十分在意她们的儿子是否尊重父母的权威。

父母权威的观念对社会形象和统治任何时代的意识形态来说都是很敏感的。同样，在古希腊时期，只有“统治”的概念是有意义的，权威则是没有意义的。来自拉丁语动词augere的auctoritas，是一个罗马语的概念，从词源学的角度来讲，它的意思是带来无可争辩之地位的权力提升。这个概念后来被基督教引用了，作为一神教，它给予了上帝无上的权力，但在其中加入了先验的维度。之后，民主的到来催生了构成众生平等原则的中心先验，以及建立在价值等级与权威之上的集体生活要求之间的重大矛盾。这种矛盾在过去30年间促使人们重新审视所有形式的权威，不论是政治上的、企业中的、家庭中的还是学校里的。幸运的是，物极必反，如果诋毁父母的权威在20世纪60年代末和整个70年代已经成为一种时尚，那么在我们的时代情况已经变了。

现在只要对这种“权威”内部需要加入的东西统一意见就好了。从教育的层面讲，大部分专家建议在父母对孩子施行权威的权利和满足孩子行动和思想自由诉求的权利之间保持平衡。但在实践中到底应该怎么做呢？几乎没有人肯冒险给出精确具体的建议，倒是有太多人满足于鼓吹孩子和父母间的合同制或维护回归先验维度的理论，也就是道德权威的源头。

然而，如果说在社会规则被定义得足够好的社会行使权威相对容易的话，那么在看起来已经不存在明确规范的社会行使权威则要棘手得多。如今的父母就遇上了这个难题：确实存在被整个社会群体公认的规则，但总是有亚群体（文化、社会、政治等领域）反驳可能存在的规则。在宣扬个人主义和教育自由主义的西方社会，父母和孩子在一起时，或是面对孩子，尤其是已有了自然的诉求，甚至在表面已取消了所有限制的青少年时，（父母）会感到自己只能听之任之。

每个青少年在他自己的交际圈都有一个有权“这么做”的伙伴。他们可能会晚上出门，去参加“狂欢派对”，抽烟，不带父母去度假，周末自己待在家，骑摩托车，休学，等等。“你要怎么禁止他做那些他朋友父母允许孩子做的事呢？”一些母亲对我说。在这个问题上，我们可能要时刻记得，男孩很喜欢讲述让他们倒霉的事情（所以才会干前面那些事）。

为了更好地理解父母权威的问题，我认为应把权威分成三种类型：鼓励性权威、应允性权威和禁止性权威，也就是情感权威、道德权威和形式权威。

情感权威建立在我们对孩子的爱和对他们幸福和成功的期望之上。如果孩子尊重他的父母特别是他的母亲，这并不仅仅因为她有幸给他喂奶、洗漱或穿衣服；而主要因为她会爱他、安抚他，竭尽所能哄他开心。所以为了回报她的爱和给他带来的幸福，他也想通过满足她的要求让她开心（比如说摆餐具），他很小的时候就发现他对父母拥有这种让他们开心或不开心的巨大能力。青春期时，父母多少还是会有意继续利用这种吸引力的关系，有时是为了避免反叛行为或让他们痛苦和害怕的冲突行为。一般来说，情感权威是由母亲和父亲共享的，是一种鼓励性权威，因为它让孩子感觉到做好一件事情对自己是有好处的。

道德权威，也就是给予孩子体验他自己的界限和构建他自己规则的能力，远远没有情感权威那么自然，但它同样很重要，也很基础。这种类型的权威始于幼儿时期，反映了在生命的这段时期建立的关系类型，不仅体现在现实中，也体现在每个家庭成员的思想中。换言之，道德权威是一种建立在内化的父母形象，也就是孩子脑海中关于父母的道德或不道德的、善意或恶意、公正或不公正的心理表征基础上的象征性权威。这些对父母内化的画面，会在不久的将来构成主体的心理生活，并且成为他各种反应的源头，首先是内心反应，接下来是行为反应。显然，孩子和将来的青少年会对父母之一或父母双方可能存在的矛盾极为敏感。这种情况下，他绝不会忘记这样想并这样说："你让我做这个，但你自己都做不到！"或是："你是这么说的，但爸爸跟你说的相反！"这些话很伤人，因为它们一般是实话。

形式权威是令行禁止的权威：我们不能越过整条黄色实线，因为这是被禁止的；但如果那条线是虚线的话，我们则可以绕过它。我们不能在餐厅扔刀子玩，但我们可以在卧室互相扔靠垫。虽然每次都对孩子解释"为什么这是不被允许的"很重要，但我们应该承认形式权威包含了相对专横的一面，而这种专横经常是我们教育男孩时要让他避免养成的缺点。这种以独断专行为支撑的权威，比另外两种类型的权威更需要父母两人之间的一致性。

有天晚上，一个少年想出门。他母亲对他说："首先，我还是希望你晚上11点前回来。"当然，规定的门禁时间会随着年龄、环境（上学期间、假期）、外出性质或同行的其他青少年而变化。在第一次被允许外出时，青少年往往会遵守门禁时间，但有一天他很可能会强烈地反驳道："为什么非得是11点，11点半或半夜为什么就不行？"所有的家庭都有过这种争论……"我希望你晚上11点前回来"这个短小的句子实际上包含了各种类型的权威。精确的时间"晚上11点"代表成年人想确立的界限范围，恰恰反映了形式权威。在这个界限中有着某种专制的意味，少年理所当然地会注意到这种专制，即使父母提出了具体事实。然而，这种通常深入到专制问题的争论往往还隐藏着另一个信息，这个信息大部分情况下是不会被注意到的，那就是"我允许你出去并且在合理的界限内好好玩……"也就是说："考虑到你的年龄，我鼓励你对自己的行动和行为负责。"这个信息结合了部分情感权威、部分道德权威以及部分形式权威。而很多时候少年并不会注意到这层含义，只会将注意力集中到回家的时间上。因此，母亲给出精确的时间是很合理的，因为不提出精确的时间可能会被小男孩看作是父母没有限制或不在乎的标志（“你回不回来对我来说都一样”）。

一旦确立了父母权威的三个组成部分，接下来就只需要确认在实践中需要避免的暗礁了。首先，放弃、退却或放任自流很快会被孩子看成父母对他不在乎或抛弃。反之，权威可能会很严格，集中于发布禁令。这种权威不会让孩子体验对话，只给了他两种选择：要么公开反抗，男孩的反抗永远是很强烈的，接下来就会转化为行动；要么屈服或放弃。在这种或那种情况下，标志着获得社会生活的循序渐进的心理活动会受到阻碍或被深深地改变。最后，第三个暗礁就是这种权威只被父母中的一人施行，或被其中一人以相悖的方式施行。所有父母的权威都体现了夫妻间的关系。以前，我们坚持认为父母间不要互相贬低，也不要习惯性地反驳对方的决定十分重要，但如今这个原则已经很难坚持了。

父母的期待

每个家长都从各自的父母那里继承了价值观和教育模式。这些价值观和模式可能十分接近，也有可能完全不同。比如，父亲或者母亲完全不愿意重复自己父母的教育模式——要么因为他们太独断专行，要么因为他们太放任自流。与孩子父亲共同教育儿子的母亲可能会面对这个问题，但将父亲排除在外的母亲通常会产生另一个更严重的问题：或早或晚，她们会目睹自己的儿子为了不再尊重让他难以忍受的权威而选择支持父亲一方。

父母间意见不统一的后果在父母中的一方正度过人生中的艰苦阶段时会更沉重，主要的危险在于很多成年人遇到的难题与孩子自身的问题形成了共振，导致了相互问题的扩大化，有时还会造成家庭的破裂。面对处于巨变和心理冲突中、为了寻求解决办法而自我斗争的青少年，父母也要学会质疑，重现过去可能模糊化的冲突，觉察到新的需求。对于一些正面临中年危机的夫妇而言，与孩子的冲突关系甚至可能会取代夫妻内部潜在的冲突性，或激活夫妻间潜在的冲突。作为心理学家和心理医生的经历让我了解到，在不计其数的案例中，正是青少年的危机和父母间危机的结合，让孩子和父母双方都处在越来越病态的状态中。那么心理治疗师的作用就是试着给孩子解开这个死结，以便让每个人都能得到发展。

第八章

家人们，我是爱你们的！

比起纪德的名言："家人，我恨你们！"我个人还是更倾向与之相反的观点。我的职业经验让我明白了人类还是需要家庭的，虽然这个家庭根据时代背景和文化的不同有着各种各样的形态，但当家庭解体时，人总是多多少少会暗自痛苦，当身世成谜时，当事人也总是会想查清楚自己究竟来自何方。因此，家庭关系是很复杂、具有冲突性而又感人的，部分原因是这种关系使家庭成员亲近或反目的互动很敏感。这正是困扰我们的问题的源头：将母亲与儿子结合在一起的特殊关系，通过什么方式影响家庭中的整体活力和其他特殊关系？换句话说，父亲是怎样在不同层面上理解这种关系的？这种关系对兄弟姐妹有什么影响？当一个家庭只有一个男孩但有好几个女孩或有好几个男孩但只有一个女孩时，这种关系会变成什么样呢？当家中全是男孩时又会是什么样呢？

“忠诚先生”和“忠诚女士”

我经常将家庭比作马戏节目《星光大道》，这个节目在“忠诚先生”和“忠诚女士”，也就是父亲和母亲的指导下进行，每个小杂技演员都有自己的编号，同时每个人都要注意演出的协调同步。在某些家庭的父母动力中，母子关系将父亲或多或少地排除在外，这并不是一种罕见的情况。父亲自己也可能加剧这种情况——要么通过主动保持距离的方式，要么与另一个儿子或他最喜爱的女儿建立特殊的关系。这种情况下要分清谁是鸡谁是蛋是很困难的。是因为母亲对这段关系的控制太强吗？还是因为父亲主动退出？最常见的情况是（我不得不指出），现行的家庭体系导致了多重结果。在没人愿意、没人觉察的情况下，恶性循环就这么开始了。有时，一些特殊的家庭情况会出人意料地一下子就阐明了这个体系的运作理念。

吉罗姆和露西有两个女儿，索菲和米里亚姆，以及长子阿尔班。吉罗姆是个信息工程师，因为工作原因经常在法国或国外出差。在阿尔班很小的时候，露西就独自照顾她的孩子们。她认为她与阿尔班的关系很密切。作为长子，她对他特别疼爱，然后一点点地将他看作家中的小男人。阿尔班很享受这一点。他很爱他母亲，于是很快就在父亲回家时与他作对了，特别是在学校放假的时候。

这对父母还记得阿尔班在9岁时说过的一句话，这句话造成了他们之间漫长的争执。“这里是我说了算的！”阿尔班对他父亲吼道。这句话的意思很明晰了，但我们回过头来还可以将这句话理解成对父亲的“召唤”：儿子希望父亲在家的时间更多一些。吉罗姆震怒的同时也很愧疚，于是抨击起了他的妻子，怨恨她让自己与儿子有了距离感。露西本以为她丈夫的话是很不公平的，但她同时也意识到了她与儿子的亲密关系对家庭和谐和阿尔班本身的危险性。这一幕发生后，局势就不那么容易扭转了——每个人都理解情况是什么样的，但每个人都有自己的生活、自己的习惯、自己的辛酸。

阿尔班的青春期一开始很混乱。他成了家里的霸王，特别是对他的妹妹们。年纪最小的米里亚姆成了他的出气筒。很巧的是，每个人都认为父亲最疼爱的孩子真的是米里亚姆。我经过好几次问诊，终于成功向阿尔班表明了他母亲毫无疑问很爱他，但他父亲一样爱他。在阿尔班15岁时，父亲让他陪着一起去硅谷出差，并让儿子了解了自己的职业，让他认识了一些年轻疯狂的IT创业者，并且在回到法国的时候给他买了最新款的电脑。就像所有同龄的男孩一样，阿尔班开始与母亲保持距离，有时甚至有点儿傲慢，但她很理解儿子需要与父亲打成一片。有时母亲会感觉很艰难，并且很怀念那段与儿子如此亲近的幸福时光，但幸好她最关心的还是她儿子的心理平衡和健康成长。

兄弟和姐妹

前面这个故事很好地表现了母子关系对兄弟姐妹关系的影响。事实上，这种特殊关系经常让家里的女儿感到很烦恼，她们经常被很会利用自己优势和受宠地位的男孩折磨。虽然母亲在这种情况下会不断重复："别再烦你妹妹（姐姐）了！"但男孩还是认为自己是最厉害的。我们在吉罗姆和露西的家中也发现了这种情况，这种情况一般是无意但自发流露的情感，一方面由于母亲和儿子的关系，另一方面，相对地由同样特殊的父女关系引起。不过，也可能存在别的情况。母亲可能会在她的某个孩子身上发现丈夫具有的、令她无法忍受的态度和性格特点，又在另一个孩子身上发现一些她可能欣赏的性格和兴趣，她就会很依赖这个孩子，因为她在他身上找到了自己的影子。那么与她关系最亲近的孩子就是她认为子女应该追随的榜样，而另一个做不到这点或想通过反抗、经历痛苦才能做到的孩子就成了“害群之马”。这种情况的后果通常是两个孩子间极度不和——不管孩子的形象是“好”还是“坏”。

> 蕾阿和托马斯之间差了一岁。他们的母亲卡琳娜觉得两个孩子刚出生以及他们小的时候，自己爱他们的方式是一样的，但她说托马斯一直很脆弱。他小的时候得了脑膜炎，虽然没有留下后遗症，但后来又得了哮喘——显然跟脑膜炎没关系，但也断送了他整个童年——这让他冬天的时候不得不待在家，不然哮喘就会复发。蕾阿则身体很好，她母亲认定她是个“真正的假小子”，还补充道：“她跟她爸爸太像了，简直不可思议！”另外，卡琳娜自己本身也有哮喘的毛病，就像她儿子一样在小时候也受了很多罪。
>
> 这位母亲认为儿子很像自己，而女儿像她丈夫。她对女儿的爱并不比儿子少，但她认为她对女儿和儿子的感觉是不一样的。在他们的童年中，姐姐和弟弟好像都

找到了自己的角色。托马斯喜欢被宠爱，蕾阿喜欢得到认同并且希望在她从事的所有事情上取得成功。

卡琳娜在丈夫的陪同下来找我，因为托马斯学业很糟糕。当我单独接诊托马斯的时候，他正在重读高一。他姐姐已经高三了，小学一年级时跳过级。托马斯让我感觉到他在逃避现实，每天靠吸大麻和玩电脑度日。他很不幸，因为他觉得自己让父亲失望了，也让一直支持他的母亲失望了，他是这样对我说的。显然，他的用词选得很好。他承认他姐姐什么都好，简直就是他的对立面：她想的是白的，他就会想黑的。他补充说他们的关系从来都没有好过，现在的关系比以前更糟，因为她总是喜欢教训他。

我对这男孩所做的工作就是再次让他摆脱对自己所持的固有的消极印象，并且让他有自信，让他能够对父亲有起码的认同，让他自动展开与姐姐的竞争，所有这些都要建立在他与母亲保持紧密关系的基础上。事实上，剥夺这种“支持”只能让他感到更孤独，变得更不幸。

只有男孩！

一个只由男孩组成的家庭会呈现出与雄性特征相关的特

殊性，这种情况下雄性特征被自然强化了，有时父母中的一人或两人都会因为没能儿女双全而产生相对的遗憾。男孩的特点或者说男孩组合的特点首先是，在与旁人的竞争、对抗和攻击中生存的倾向。在男孩女孩共存的家庭，最典型的话是：“别再烦你妹妹（姐姐）了！”在有好几个男孩的家庭，最典型的话则是：“你们别再打架了！”我们能轻易想象出这句话的重复次数应该是男孩数量的好几倍。这种情况中好的一方面在于，无意义的对抗会随着时间推移大大减少，而且在青春期中期或末期时会被男孩间强有力的支持态度替代。不幸的是，这种联盟会因为男孩间的相互支持而对他们一直与之作对的父母不利。

不管有两个还是好几个兄弟，母亲好像总是因为有儿子而感到很满意。然而有时她也会觉得养儿子很难，她要不停地照看他们，他们总是需要多加注意：在足球比赛前，在学校操场上，在花园里或者更糟——在客厅，在决赛当晚被霸占的电视前，在永远都是战争片或动作片的选择前……这位母亲会发觉儿子们的存在强化了她丈夫身上的本能倒退，这让她感觉家里有更多“小孩”，从女性的角度来说她很孤独，虽然她内心深处对自己没有对手感到很骄傲。

在母亲偏爱其中一个儿子时——这种情况时有发生——

男孩间的对抗会强力爆发，但她仍然会我行我素并且继续偏袒行为。另外，有些母亲如果只有儿子的话，她们会很怕引起儿子间自然的嫉妒和对抗，她们会不惜采取任何措施以使自己的态度没有任何分别。比如说她们希望儿子们上同一所学校，有同样的礼物，有时甚至会忘了注意他们品位和兴趣的不同。一个年轻小伙子对我说母亲一直不明白，他不喜欢跟他兄弟一样的比自己外向得多的朋友，这让他很长时间都饱受煎熬。

独生子

如果说儿子能牢牢地统治母亲感情世界的话，当一母同胞中有好几个男孩时，这个世界就要被分享，而且这种分享是对抗性的；但独生子就不会面对这样的问题——当然有些人会说这还远远不够，因为他还有一个唯一的对手，他的父亲。对父亲来说，自己通常也是世界的中心。没有兄弟姐妹的男孩不会经历手足间的激烈氛围。独生子对同一个家庭孩子间的对抗或串通一无所知，也完全不知道该如何面对外部世界的开放和人际关系的复杂，因为这是与被认为是父母最疼爱的兄弟姐妹之间的期待或冲突所引起的情感。独生子也没有机会用他所指责的父母对待他的态度对待弟妹。反之，至少在整个童年时期，他都会被簇拥、宠溺和疼爱，并且不会受到分享强加的限制。

困难通常出现在青春期时，也就是当孩子需要与父母，特别是母亲保持距离的需求与他作为独生子能捞到的好处以及因疏远父母而产生的负罪感有了对立时，因为他们的父母无法将自己的“感情投资”转向另一个孩子。更不用说如果母亲独自抚养独生子的话，这些困难会更多，而相应的好处则是她对儿子的爱以及儿子从中汲取的力量。

第九章

如今的家庭

在过去的30年间，我们的社会有了两个主要的发展：女性角色和家庭的转变。第一个发展既涉及了女人，特别是母亲——超级妈妈，也涉及了男人，特别是父亲。第二个发展则关系到现代家庭的转变。在法国，1630万个住在父母家的25岁以下的孩子中，有430万生活在单亲家庭或重组家庭中，也就是说，在法国每四个孩子中就有一个与单亲父母一起生活，而且通常是与单亲母亲生活。

但也不要忘了，父母和孩子间的危急时刻在家中一贯是经常上演的场景，可以轻易预见。家庭在近几年间的转变调整了角色和关键要素，但父母和孩子的危机并没有什么改变。不管是传统家庭、重组家庭还是单亲家庭，对触发信号以及过程发展的预见性都建立在恒量的基础上，因为即使我们很了解它们，也依然很难控制它们，所以这些恒量很惊人。然而，孩子应该向父母学习区分一时的情绪波动，不计后果的反抗，焦躁的拒绝和另一个极端——深深的误解，持续性兴奋或灾难性的悲剧事件。父母间的夫妻感情并不像我们所想的那样是孩子各种问题的关键因素；相反，家庭氛围特别是孩子与父母接触的质量，才是孩子是否有问题的决定性因素，不论父母是原配夫妻，离婚家庭还是重组家庭。

从“了不起的妈妈”到“超级妈妈”

“我妈妈太了不起了！”男孩从来都不需要母亲是首席执行官、外科医生或者律师才能爱她或崇拜她。儿子对母亲的爱和崇拜大大超过了他隐藏在羞怯的距离或表面的反抗中的感情，他同样也会回报母亲对他的爱。虽然从传统上讲，我们会听到男孩互相比较自己的父亲，而且间接表现出“被母子二人夹在中间的父亲”的力量关系。“我爸爸是最强的！”最小的孩子会这样说。“我爸爸有辆更大的车。”年纪稍长的男孩这样说。“我爸爸更有钱！”最大的孩子会这样说。然而，当他们说到自己的母亲时，他们所提及的就不是表象，而是混杂着爱和崇拜的深切感情了。

一直以来，除了社会和职业身份，还有一种相互间的骄傲将母亲与儿子连接在了一起。虽然男孩想成功的渴望是建立在对父亲的直接认同（或者间接的、想超过他的渴望）上的，但同样要建立在对母亲深深的爱以及对成为母亲最爱之人的期望上。我们可以就此衡量很多女人可能都要承担的责任——通过兼顾已经饱和的职业生活和自己作为中流砥柱的家庭生活而建立的“女强人”身份，对男孩的形象有多大的影响，这会不会让男孩胆怯或者反之让他们更有力量建立自信并且提高生活中的成功率呢？

○ 获得认同一向要通过对母亲的爱

想要得到认同的愿望并不完全归因于社会表征或我们希望与之相似的公众人物。如果真的这么简单，那为什么这些所有人都能看到的形象，可以激励一些人，但同时会让另一些人感到厌烦甚至粗暴地丢弃它们呢？如果真的这么简单，为什么有些人看起来满脑子都是获得认同或是在社会上取得成功的愿望，但另外一些人并不想或并不能呢？人类心理学告诉我们，这种获得认同或成功的愿望取决于自我评价以及被称为“理想的自我”的心理要求。在个人身上，这种心理要求究竟是如何构建的呢？

在这里，精神分析学提供了清楚明了且令人满意的解释："弗洛伊德认为，人类在自己面前投射的理想其实是他童年失去的自恋的替代品；也就是说，他自己就是他本身的理想。"我们怎么能想象一个婴儿不通过感知被父母特别是母亲的爱和欣赏，就能成为自己本身的理想呢？不久后，超我、内心审查的要求和理想的自我将会通过对父母的认同形成；即便自我因为害怕惩罚而顺从于超我，它也会因为爱顺从于理想的自我。

对男孩来说，理想的自我传统上要归咎于对父亲认同的较好内化，但我们通常会忘了男孩的这个理想的自我也是建立在对母爱和母亲对儿子自恋的期望之投射的较好内化这些基础上的。换句话说，当男孩最终融入了母亲的愿望（"因为你想变成我希望你成为的样子，所以我会更爱你"）和父亲的愿望（"你应该成为这样的人"）时，男孩理想的自我就会准确建立了。

母女间的关系显然对"理想的自我"的构建是不同的。女孩首先会内化母亲理想的自我（"变成我本来希望成为的样子"），但她的理想也要靠诱惑自己父亲的欲望来实现。反之，我们也能很好地观察出盛气凌人的父亲或漫不经心的母亲对男孩理想的自我的积极构建有多大阻碍，对女儿漫不经心的父亲或没有个人理想的母亲，对女儿理想的自我的塑造也有着同样的负面效果。

精神分析学认为，自恋，也就是自我的表现，是构建人格力量和成功迎战这个世界的能力的土壤。然而，拥有被爱的感觉才能令人产生自我认同感，最新的研究恰恰证实，对母亲强烈的依赖可以让男孩对自我有较高的认同感。一个研究评估了青少年的身份认同感，通过这个研究我们了解了自我形象的脆弱性（著名的问句：“我是谁？”）。无论是男孩还是女孩，他们对母亲积极意义上的依赖才能让这种身份认同更好地建立，所以男孩需要强烈地感受到对母亲的依赖，才能获得幸福，才会对自己有足够的自信。同时，一旦童年结束，他们还要与母亲保持足够的距离以使自己有足够的独立性，女儿则通过对母亲深深的矛盾心态来处理这种依赖—独立的关系。母亲与儿子面临同样的两难困境：一个小男孩怎样才能在成为男人的同时又不忘记他原来作为小男孩的样子呢？

从孩子出生开始，母亲就好像已经猜到了这种心理结构。她们对儿子的感情是神圣的指令：她们深信在自己的宝贝儿子面前，她们有义务心醉神迷，这是她们深刻的信仰。否则，谁会来做这件事呢？从始至终，柏辽兹写给家人的信件增强了他与家人的联系。因为选择了学音乐而不是学医，柏辽兹被父母狠狠斥责，可这个年轻小伙子仍然希望成为父母，特别是母亲的骄傲的儿子。1830年8月23日，这位新晋罗马奖获得者这样写道："我亲爱的妈妈，我终于能荣幸地通知你我摘取了这个著名奖项的桂冠。它是我的了……如果这个成功能给你们，给你——我亲爱的妈妈，给我了不起的父亲和我亲爱的姐妹们带去一些欢笑，那将是我莫大的慰藉。还有阿黛尔，你开心吗？南希，你理解我了吗？"[1]母亲对儿子的骄傲没有什么病态可言，在儿子眼中这是爱的表现。我们也不该阻止母亲去观看儿子的网球比赛或者戏剧表演，他会感到骄傲的。但如果母亲一直不停地讨论裁判的公正性问题或者不惜一切代价想让儿子当主角，就明显太过分了。

○ 母爱：通往成功的必经之路

在一次晚宴上，一个朋友问我："赢得下届总统大选的会是谁？"我笑着回答："嗯，按照传记记者的说法，我觉得应该是特别恋母而且直到现在不给他妈打电话就活不下去的那位！"我并不是完全在开玩笑，这可能就是我们这个时代的事实。有多少犹太母亲最后成了她们儿子成功的秘诀之一——如果他们的成功有秘诀的话。尽管我们嘲笑这些犹太母亲对宝贝儿子的爱太有侵略性，太过分或者占有欲太

1 阿黛尔和南希均为柏辽兹的家人。——译者注

强！爱因斯坦或马塞尔·普鲁斯特，弗洛伊德或马克思等天才的秘史都证明了这点。其他不太出名但为数众多的例子显示，那些对自我评价较为良好并且获得了个人或社会成功的男人，不论是政治家，企业高管，工会主席，大医生或大律师，如果他们愿意谈的话，都经常会害羞地提起母爱，以及他们回报给母亲的爱的决定性作用。

我们这里引用记者蒂埃里·德–雅尔丹对我们的共和国总统和他母亲关系的评论，以此作为政界人物的例子："雅克·希拉克很健谈，但他不喜欢谈自己的事情，也不喜欢谈及他的个人回忆或童年，就算在他最亲密的同僚面前他也从来没有提及过他母亲的形象。然而所有人都认同他1972年去世的母亲给他烙下了深深的印记，可能比他父亲对他的影响大得多……如今他才开始高兴地说：我对我母亲有无限的柔情。我很爱她，因为她特别疼爱我。我是个被宠坏的孩子，特别特别受宠……"德–雅尔丹还记得在1940年6月第二次世界大战开始时，雅克·希拉克8岁，他自那时起与母亲一起生活了四年。同样，记者卡特琳娜·奈伊在她为弗朗索瓦·密特朗所作的传记中写道："1916年10月26日周四生于雅尔纳克，天蝎座，上升星座天秤座，小弗朗索瓦是密特朗一家的第二个儿子，是昂古莱姆站站长约瑟夫和伊芙娜·洛兰的第五个孩子。他的母亲是个十分虔诚的人，他很尊敬她并且度过了幸福的童年……然而与父亲不同，母亲很少出现在密特朗的文字中，虽然对他来说母亲很重要。这位黑发女士很有教养，精通音乐，面部轮廓很厚重，感情外露，支配欲强，显示出了一些母爱过度的倾向。”我们可以从这段描述中发现密特朗对他母亲深深的爱意以及这份爱引起的小心谨慎。

这是“法式特例”吗？在比尔·克林顿的自传中，我们读一下第一句题词：“献给我的母亲，她爱了我一生。”再没有更好的例子了。此外，克林顿在他的书中还提到了一个特别有意义的小故事。他母亲23岁的时候怀孕六个月，因一场车祸失去了她的丈夫。于是她给一位高中好友写信诉说刚刚遭遇的不幸：“当时我觉得这是完全不可能的，但你也知道，我怀孕六个月了，当我想到宝宝的时候，我就觉得浑身充满了前进的动力，我感觉全世界都向我张开了双臂。”后来，她儿子成了世界最强国家的总统，我们可以思考为什么到现在为止，没有任何一个未来总统候选人的公关负责人希望在会议或官方照片中不仅带上他的配偶，还要带上他的母亲！

这里并没有通过选择好的传记歪曲事实，而是简单地阐明我的职业经验，以及更广义的人生经验教会我的理念：因为母亲在你的整个童年都很爱你，而深爱你的母亲构成了通往成功之路，这里的成功并不一定是社会的成功。正如精神分析学所认定的，这是种“良性的自恋喂养”。

大部分母亲都希望迎接这个挑战，但关键在于要能胜任这个角色。如今，在经过一天的工作之后，经过一颗“伟大的灵魂”可能向你注入的负罪感之后，如果这个“灵魂”不是“决不会像你这么做”的你的婆婆或你自己的母亲，你的精神还会放松一些。然而在我的职业生涯中，我遇到过很多母亲，不论她们的经济状况、社会地位或学历水平如何，我总会因她们如此需要且如此有能力表达她们对儿子的爱和恐惧而感到震撼。相反，当我倾听男孩时，我又总能震惊地发觉他们有多爱自己的母亲，但同样很害怕母亲并且为母亲担心。对儿子来说，所有的母亲都是爱与平静的避风港（“遮风避雨的小港湾”），但同样也是禁令和恐惧的源头。

这个论题的另一个阐释是，创作行为将艺术家带回远古时期，同时又将他抽离出来。艺术、文学、哲学、数学发现没有谁能脱离这个规律。从莫扎特到梵高，从笛卡尔到爱因斯坦，他们作品的主要主题，他们组织的思想，他们潜意识中的导师，都涉及最远古的主题——母亲。我们再举一个例子，画家爱德华·维亚尔直到60岁都与做女士内衣裁缝的母亲生活在一起，她是他的缪斯，他在将近五百幅画中都描绘过母亲的形象。弗洛伊德也是一个例子，他在最复杂的“考古学研究”——旨在最大程度接近人类灵魂深处的研究中获得了成功。这位精神分析学之父曾写道，“当我们是母亲毫无疑问最宠爱的孩子时，我们一生都会保有这种胜利者的感觉，这种成功的信心，在现实中往往都会带来成功。”我们应该承认弗洛伊德确实是被母亲偏爱的孩子，他母亲总在无意中带着浓厚的柔情蜜意叫他“Mein goldeiner Sigi”，意思是“我的金西格”。

○ 今天的母亲，明天的儿子

40年来，女性的社会角色和身份地位改变了应该由父亲向儿子指明未来道路（“你应该成为这样的人”）、由母亲负责感觉和情感领域（“通过爱你，你向我回报了我对你付出的爱”）的传统观念。如今，当代女强人通常声称自己不能既胜任自己的工作又同时担任“超级妈妈”的角色。如今的女性并不只是因为工作而存在的，就算她们取得了事业上的成功——诚然，她们强烈要求融入社会和职场的机会平等，但她们同样要求做母亲的权利。

我们能为这类母亲给出怎样的女性杂志封面剪影呢？一般来说，她很年轻，工作应接不暇，日程表完全被安排好了，这是个早出或晚归或早出晚归的母亲，这是个白天工作极其敬业的女人，是个“20世纪80年代的女人”，就像一首歌唱的那样：“成功混合了权威和魅力。”她为工作的权利，为与男人同工同酬而斗争，这是最起码的公平，但也重视自身母性愿望的体现。她同样要求父母之间家务分工的平等，这不是件容易的事。

尽管新时期的父亲们无疑比他们的前辈更好地承担起了父亲的责任——他们会参与分娩过程，他们愿意给宝宝换尿布，他们能够陪孩子去幼儿园或者去保姆那里，他们去开家长会，他们甚至会去看育儿师和心理医生……然而，据我所知，负责照料宝宝的还是母亲，哪怕因为父亲回归家庭，时间已大大缩短。此外，还有一个极富意义的迹象：牛奶牌子或小布丁品牌的广告目标受众都是年轻母亲；同样，如果孩子生了急病，学校也更愿意通知妈妈而不是爸爸。其实，除了一些特殊情况（我遇到过这些特殊情况），对孩子特别是对小男孩或稍大些的孩子来说，父亲不可能替代母亲。如今大部分的年轻母亲都十分清楚这点。另外，除非有特别好的帮扶，在这些年社会舆论的宣传之下，这些“超级妈妈”希望更亲密地照顾孩子的情况已经不罕见了，但她们不想像过去一样被母亲这个伟大的事业占据所有时间。此外，这些女人知道她们的儿子不仅爱她们，而且通常很为她们骄傲，虽然他们还是很希望他们的妈妈能花更多时间陪他们。这个情况的好处是这些母亲通常既不是“老母鸡”，也不是占有欲过强的母亲。与一般母亲相比，她们通常让儿子承担更多的责任，并且不会对自己的权威有矛盾心态。只有很少数的母亲会因为不经常陪儿子而焦虑、惭愧，并费力地尝试补偿他。

当代母亲的社会角色和身份地位得到了发展，这是一个完美的逆袭或是一个极大的胜利，她们还是可以向儿子们展示母亲是爱他的并且依然负责感觉和情感领域，但从此她们也可以对他说：“看看我是什么样的人，你也应该像我一样！”美国1995年出版的《强悍的母亲，强悍的儿子：培养下一代男人》一书取得的成功就体现了这个状况。尽管在男人的成功中会有其他因素的介入（父亲、社会回报、性格、生命中的偶然），但强悍的母亲/强悍的儿子这个主题让涉事双方——那些不再想被支配、被认为很脆弱的即将成为母亲的女人，以及关心自己阳刚之气的未来的儿子都很满意。

父亲会变成什么样？

你可能会问我，为什么母子的画面永远都是充满满足和快乐的幸福画面呢？人类学给我们提供了一些确定的经典案例，这些案例中女性被塑造成双手抱着男孩的形象，这个男孩是为了增强首领的权力而用来献祭赎罪的牺牲品。如果将这种牺牲移植到我们当代的文化和社会组织中，我们会在一些再婚的情况中发现这种孩子的“牺牲”，男孩将被母亲象征性地牺牲给继父。然而，这种情况对男孩的母亲来说很少见，这也再一次证明了与母女关系相比，母子关系中的巨大力量，但这同样间接地将我们引到父亲地位的问题上来。

在母亲和她的儿子之间，如今父亲的地位在哪里呢？在我看来，每个男孩都需要父亲形象的认同和肯定，这个形象不一定是他真正的父亲。在反例中，在青春发育期这个艰难的时刻，男孩可能无法通过参照父亲的身体积极面对发育，而是消极地依靠了母亲和其他女性的身体，这会让他将来在女人的眼中寻找他女性身份的投射。总体来说，就算是充满敌意的父子关系也比漠不关心的父亲要好（母亲确实可能会被女儿认为有敌意，但母亲永远不会漠不关心）。

这种流行疾病的论断因一些行为障碍，特别是行为病理学的关联性而得到证实，巩固了很多心理学家的观点：被认为充满敌意的父亲对孩子来说代表限制，而漠不关心的父亲则是让青少年独自面对了自己和心灵寄托的缺失。

○ 真实的地位

如今，一些男人责怪女强人没有在教育儿子上给他们留出足够的空间——我们要记得这种角色分配的问题并不是什么新鲜事。我们已经说过，弗洛伊德的父亲是个宽厚和蔼的男人，与他掌管全家的妻子阿马利亚相比，十分保守。同样，马克思兄弟（是马克思兄弟[1]，不是马克思主义之父）的父亲被人认为是“自然，温柔，多愁善感……随遇而安”的男人，与孩子母亲米妮正相反，我们也将他们孩子的成功归功于他们的母亲。什么是因？什么是果？因为妻子太有统治欲，所以令父亲躲在一边，还是因果互换呢？

如果不想强化性别的区分，最理想的情况就是由父亲承担起教育儿子的责任，特别在青春期时，与儿子保持同样的兴趣、同样的热情、同样的目标，不论他的脾气秉性是什么样的。与青春期的儿子一起保留一块共同的空间是一个机会，也是重要的成功秘诀，但这并非对谁来说都是可行的——要么因为父亲在儿子童年时就没有找到共同领地（想在儿子青春期时一天之内创造出一块领地是很难的），要么因为小伙子从此开始直截了当地保持距离，拒绝或者中断了这种共同活动。

1 美国著名电视演员。——译者注

父子间的对抗是个亘古不变的故事。一个朋友对我说去海边度假时他玩得很开心，在他们组织的一场父亲队和儿子队之间的友谊赛中，他打败了他的儿子。那是他儿子21岁生日的前一天，他对儿子说："我不仅在你20岁的时候赢了你，在你21岁的时候也打败了你！"在我目瞪口呆的神情中，他对我解释说他儿子是在澳大利亚出生的，两地的时差（澳大利亚大约早24小时）讽刺性地给了他强化他们之间一直存在对抗的可能性。

这种铭刻进人类历史的父子对抗的主题，在数不胜数的成人礼案例中出现得尤其频繁。过去，年轻小伙子的成人礼是种有社会意义的集体现象，往往在老年人或"面具人"的注视下开展。比如，对科特迪瓦的丹族人这类族群来说，成人礼是社会记忆和认识的载体。在丹族内部——就像其他许多不同形态的族群一样，成人礼是提前失败的战斗，这场战斗在即将成年的男子和怪兽间展开，怪兽会胜利，把他吞掉，吃进肚子里，然后以新生儿的形式将他"吐"出来……这种镌刻着死亡/重生类意象模板的成人礼在我们的时代具有更加个体化、私密性的特点，因为现在只需要父亲和儿子两人面对面来进行了。这种面对面不是很容易，就像原始社会时一样，它还是经常需要"说情者"，这个角色需要母亲来担任。与过去一样，对男孩来说，如今问题的关键仍然没变：成人即进入成年人的世界，这个过程若不经历种种考验、斗争和对抗，是无法完成的。

○ **象征性代表**

汉弗莱·鲍嘉在他儿子8岁时便去世了，生前曾经说过这样的话："你们能让我拿小孩怎么办呢，他们又不喝酒！"但对他的儿子史蒂芬来说，父辈的遗产则太过沉重尴尬——他有一堆账要算。在经过戒毒治疗，摆脱了父亲的阴影之后，这个男孩开始写一本侦探小说，小说中有一个萨姆斯·佩德（《马耳他之鹰》的主人公）式的侦探与一个连环杀手一直在不屈不挠地做斗争。在这部小说中，父亲的形象无处不在，而且无疑正是因为父亲的形象出现在了作品中，史蒂芬才能在47岁的年龄与父亲"和解"，接受了他就是这样的人的事实，也接受了现实中已经失去他的痛苦和狂怒。父亲会永远象征性地活在儿子心中。

如果病人有需要，我会在长沙发上倾听他们的诉说。这种经历让我明白了父亲的作用对每个人的主观化都是不可或缺的，同时也让我明白了对男女平等的追求是完全合理合法的，但也不应破坏性别的差异性。为了让一个孩子构建主观的自我，不管是男孩还是女孩，都需要母亲和父亲，更准确地说是母性（mothering）和父性（fathering）——如果我们采用英国精神分析学家唐纳德·温尼科特的说法。

如今我们倾向于为近年来突然出现的没有父亲的社会而悲叹。这种悲叹其实由来已久。法兰克福西格蒙德·弗洛伊德学院的创始人亚历山大·米希尔里希在1963年，也就是1968事件[1]的五年前，就曾说过我们正在迈向“没有父亲的社会”。当代的父亲为那句“缺席的父亲，失败的儿子”而感到焦虑，他们从来没有像今天这样感到责任如此重大、负罪感如此沉重。这种焦虑对一些人来说是斗争的源头，而对另一些人，则是逃避的一个理由。

○ 谜一样的形象：外祖父

正如人类学家马塞尔·莫斯所强调的，“在很多的社会中，个体在新生儿身上的转世甚至是家庭和宗教组织的基础”。如今我们从一些母亲在自己的儿子和自己的父亲之间建立的紧密联系中，能发现一系列后遗症。“他真的让我想到了我父亲！”这句话是很多母亲的心里话。精神分析学认为在这种母性关系中有种有意识（当它被表达出来时）或潜意识

1 1968年5月发生了席卷法国全国的大罢工事件，体现了法国人对社会制度的不满。这句话是说在此5年前，亚历山大就已经预感到了社会的发展趋势。——译者注

的（当没有说出口时）俄狄浦斯情结后遗症。

由于母亲对自己父亲的依恋一直都很强烈，而对俄狄浦斯情结不完善的处理正助长了这种关系的发展。对母亲来说，儿子的降生意味着她自己无意识乱伦幻觉的实现：生一个自己父亲的孩子。在这种情况下，儿子怎么可能不像母亲自己的父亲呢？我们应该长时间倾听一些母亲的发言，对这些体现乱伦幻觉存在的秘密想法提起兴趣。相信我，在语言中，这些幻觉确实存在。

○ 一个新形象：继父

"一方面，我试着跟我儿子蒂波商量；另一方面，我第二个丈夫也跟我翻脸了，因为我对他照顾得不够！"安娜跟我解释道，她刚刚再婚，上一段婚姻留给了她两个儿子。小儿子文森几乎没有表现出任何接受上的困难，但对15岁的蒂波来说就不是这样了。上一个假期简直就是灾难，或者应该说安娜可能犯了个错误：为了让每个人之间更好地互相了解，她选择了短租别墅而不是度假村的形式——在度假村里孩子们可以找到让他们放松和适合他们的活动。一些幸福的重组家庭的案例无一不符合这个特点：第一个暑假通常是可怕而且很复杂的。

我经常会震惊于我的那些年轻患者在谈到自己继父时轻

视的态度，他们称自己的继父为“另一个人”！有些人这么做是确有客观原因的，但另一些人没有，这就很好地说明了对男孩来说，即使会有冲突，父亲在情感上仍然是很重要的人。当他们的母亲爱上另一个男人时，因为他们不能让自己失去母爱，所以他们把自己的不满和侵略性转移到了母亲的这个新伴侣身上。随着时间推移，这种情况会发生得越来越频繁。

从1990年到1999年，重组家庭的数量增长了10%。根据1999年的人口普查，法国当时至少有708 000个重组家庭。另外，这些重组家庭越来越年轻化。59%的案例中女人的年龄在40岁以下，在1960～1964年出生的女性中，26%的人选择在35岁之前离婚（在1945～1959年出生的女性中只有12%的人选择这样做）。继父的存在越来越平常，因为在重组家庭中，更多的孩子（63%）是与自己的母亲一起生活的。

○ **独自抚养儿子**

耶稣的母亲玛利亚是不是“前单亲家庭时代的女主角”呢？她可是要独自抚养儿子的，因为她的丈夫约瑟夫很早就从《新约》中消失了。如果我们相信最新的人口普查，84%的孩子生活在单亲家庭中，其中将近一半的男孩与母亲一起住。特别是在法兰西岛，43%的单亲家庭只有一个孩子，这就要求单亲的家长应尽力避免（一般来说由孤独造成的）与孩子过分亲近，不管家长是离婚、分居还是丧偶。

显然，如果深究细节，这些数据反映了各种不同的情况：未婚母亲（有些甚至是少女妈妈）；从统计学来看一般要花更多时间重新投入夫妇生活的离异女性（44%的父亲在分开四年之内就找到了新的伴侣，而只有28%的母亲可以做到）；丧偶的母亲……单身母亲过着很复杂的生活，她们要应对职业女性和母亲这两个不同的角色，对她们来说也很难有享受个人生活的时间。由于以前结过婚，很多人在离婚的情感后果之外又增加了女性单身这个事实所带来的社会烙印。

最让人担忧的情况是父亲很早就离开，使小男孩与母亲都感到很孤独，而往往母亲已经决定此生不再找男人。这个母亲或多或少会有意识地亲近她的儿子，这种特别强烈的私密感可能会阻碍性别认同的健康发育。事实上，与其他母亲相比，与儿子一起生活的单身母亲会倾向于给儿子更少的独立性。这种现象有好处，但仅仅限定于某个范围内。男孩就像需要自由一样需要威严，他们可能会“穿上离去的父亲之鞋行走”，表现得比实际的样子更成熟。单身母亲被日常生活和自我感情生活的双重重担压迫，有时还会面临严峻的经济问题，于是需要所有她敢于倾诉的对象或所有想帮助她的人的支持。另外，这段特别排外、特别令人满足的二元关系，很可能会是不久后年轻人对什么是性以及角色的界限有明确想法时产生暴力行为的源头。

重组家庭

男孩基于对母亲深深的爱而对父母分开有过激反应是很正常的，但他通常都会以自己的方式来表达这个反应。男孩总是表现得好像发生的事情跟他没关系，如果说他真的感到跟自己密切相关的话，他会用暴力表现出来。在不同的案例中，表现形式都有着病状的特征（睡眠或进食困难、学业困难、行为困难），但这些表现又都很难用语言描述。

于是我们发现了对男孩来说表达自己的感情有多难。他们更愿意向第三方倾诉，更喜欢靠向外人而不是最亲近的家人。强迫你的儿子表达自己的感受是没用的，甚至是有害的；反之，你应该向其解释接下来他的生活会具体发生些什么：他的学校（要不要换？）、作息时间、课业以及父母之间共同承担的活动。对于作为母亲会出现的好几种典型情况，我现在要进行一个详细的说明——但在此之前，我们要知道这些情况在不同行为主体接受的角色上，以及在经常出现的、无法明确解决的经济冲突上，有着很大差别。

○ 两个“母亲”比一个要好吗?

第一个要问的问题是:我们应该特别担心母亲不能独自承担她作为母亲的责任吗?从广义的角度说,如今的女性融入了社会和职业生活,经常感到自己在女人的生活和母亲的生活间展开拉锯战。她们很可能会因为把一部分教育儿子的责任转让给了其他“母亲”而产生负罪感。然而,不论她们处于何种文化背景,何种社会阶层,男孩身边总会有“第二个母亲”,她可能是祖母、阿姨、女邻居、保姆,甚至是村里的某个女人。

有位印度王子卡尔尼·辛格始终很怀念他的英国保姆,他这样写道:“她很友善并且很爱我们,我们对她的爱甚至比对自己父母的还要深。从我出生起她就一直照顾我。她养大了我的孩子和我的孙辈。后来,她太老了,就退休了,那天是我一生中最悲伤的日子。”

比尔·克林顿对他母亲的爱我已在上文中提过了,他讲了这样一个关于自己的故事:“我的姥姥、姥爷和我妈妈总是让我感觉到,我在他们眼中是世界上最重要的人。大部分孩子克服艰难险阻,只为了能拥有一个营造这种信任气氛的人。而对我来说,这样的人有三个。”

我们不应该将母亲和母性功能完全混为一谈。从很小的时候开始，孩子就会遇到一些“母性形象”（保姆、保育员、女邻居、奶奶、阿姨乃至后来的女老师、大姐姐、教母，等等）。小孩子会在上述每个女性角色的母爱本能中获益，这不会导致什么特别的问题。在我看来，能够信任至少两种母性形象对男孩来说是有百利而无一害的。

回到正题，弗洛伊德至少有“两个母亲”：年轻漂亮的阿马利亚和一直照顾他到两岁的奶妈。令人难以置信的是，接触不同的母性形象可以让一个男孩内化他母亲和其他女人之间存在的区别，又不会因此将母子两人的态度对立起来，这种情况中只会存在积极的态度。当孩子要远离母亲或与母亲分别时，比如说上幼儿园或不久后去上学，如果他能保持镇定，那是因为他在别的女人身上发现了能让他安心的东西。他不会因此将这个女人和自己的母亲混淆；当他母亲来幼儿园接他时，如果需要的话，他的态度将会是这个论断的精彩证明。

○ 继父母的到来

继母既不会比继父难做，也不会比继父好做，这就证明了对儿子来说，母亲是不可替代的。然而继母的情况并不十分常见，因为只有37%重组家庭中的孩子是与父亲一起生活的，但分担监护权的发展助长了这种情况的普遍性。男孩，特别是青少年阶段的男孩子，会进行测试、比较，至少在一开始他们通常会排斥。继母可能会感觉自己像灰姑娘的后妈，并且向父亲抱怨；至于继父，他会问他的新伴侣，也就是男孩的母亲，他的继子是否正在重温莎士比亚的悲剧《哈姆雷特》？

对男孩来说，一开始他多少会明确地将他父母亲新的婚姻关系看作外来者对他充满敌意的控制。他对生父母潜在的愤怒还是存在的，因为他被这种想法支配着："他已经抛弃了他曾经爱过的人，那他也可能抛弃我。"表面上，与继母相比，男孩对抢走他母亲的新继父会表现得更有敌意，而对继母，他会表现出明显的不在乎，最糟糕的情况也就是表现出几乎隐藏不住的蔑视。

我的目的不是要告诉大家，所有的男孩都会习惯性地与继父母作对，也有很多人会以轻松的心态欢迎在他们生命中更中性的另一个成年人的存在，但如果儿童或青少年变得难以相处，重组夫妻也不该感到震惊。同理，他们也不应该将偶尔出现的让人不快的细节看得过于严重。在最初的那段时间，男孩的确需要确认并且感受到没有什么能将他母亲的爱夺走。为了帮助他们，男孩的生母应该特别努力与儿子单独在一起，继续参与到他们以前的活动或仪式中去。父母时不时也应该鼓励他们的孩子向继父母解释自己的想法。一般来说，男孩对父母新伴侣的适应会很慢，母亲应该有耐心，并表现出宽容的态度，试着抛开那些引起更多无法解决的问题的事情。建立良好的关系是需要时间的，要先获取信任，分享感情，分歧才会得到解决。

○ 当父亲有新欢时

16岁的让忍受腹部疼痛已有两年了，任何医疗检查都查不出原因。他做了无数次的X光片检查，甚至还做了一次核磁共振。他的医生怀疑他有心理问题，但没能成功让这个活跃、聪敏并且内心很坚定的男孩承认自己“心里有话要说”。

我第一次接诊让时，他情绪很不错，他只是简单说明他不想再受罪了，因为这让他在学校没法好好学习。他是个好学生，但这几个月因为肚子疼，他变得更心不在焉了。慢慢地，男孩开口了。他对我说他父母一年前离婚了，但他们已经分居两年了，他父亲遇到了另一个女人。他讲述这件事的时候既没有敌意也没有愤怒。他解释说他很小的时候就看出他父母，特别是他母亲的缺点了，他很爱他母亲，但面对母亲时他总觉得自己是个大人。在她给他吃缓解疼痛的维生素时，他会几乎很规律地吃这些东西，但仅仅是为了让她高兴、让她安心。他忍受不了冲突，他立刻补充道，他也不知道为什么。于是他开始跟我谈起了他的继母：“我们的关系很‘职业’。我们之间没有任何感情。”

当然，我很明白他一点儿都不喜欢他父亲的新伴侣，但如果我们处在这个女人的位置上，我们也会明白做好继母这个工作有多难，而且有些男孩表达排斥的方式要比让暴力得多。

如果父亲的第二个妻子很年轻，那么孩子对待继母的排斥通常会更强烈，男孩往往会对这种情况给母亲造成的自恋伤害感同身受，同时也向其表明了他对她的依恋有多深。幸好这个年轻的继母也有可能带来一种更“时髦”的对男孩有好处的生活方式，随着时间流逝，他也终究会认为这种生活很好，因为他父亲很幸福，但他永远不会说他喜欢继母更甚于母亲。

○ 当母亲有新欢时

不管是否能够宣之于口，男孩一般对新来者是有嫉妒心的。他会要求母亲对自己更加关心，而且如果他发现母亲对他的关注没有增长，他还会让她总是谈论自己，包括使用出言不逊或挑衅的手段，以便引起母亲的注意并满足他的要求。当儿子在所有和父亲分开的时间都与自己的母亲关系很亲近，而那时她生命中还没有新男人时，这个问题会更严重。儿子会感觉自己被剥夺了母亲的倾听者或“小男人”的角色。对母亲来说，困难就是让儿子接受从此她将要与一个新男人分享日常生活中权威的事实，但她仍然会在重大问题上与孩子生父分享权威（学业方向、纪律、健康）。遇到冲突时——这是很可能发生的——每个人都应该立即表达自己的不满，以便大家可以进行商讨，如果可能的话，所有这些事情都应该由新结合的父母向孩子说明清楚。

○ **构建信任**

男孩会特别迅速、公开地，有时甚至是暴力地表达他的敌意。他会为了挑拨而进行对比，也会为了测试新来者的底线而故意激怒他。如果你是继父母，你不能也不应该有替代孩子亲生父母的想法，你也不应该与生父母竞争。你要做的就是试着与这个孩子发展一段对你有利的关系，所以尽管做你自己吧。此外，还有一个规则就是不要逼迫自己友善或有吸引力——男孩不喜欢我们有讨好他们的企图。做友善并且有空闲时间的人就够了，不用再做更多的了。不论在哪种友情中，关系的发展都要建立在共同兴趣的基础上。如果你与你的继子都喜欢足球（而你的新伴侣，男孩的母亲不喜欢），那就一起看场比赛吧；如果有天晚上你的伴侣要加班到很晚，就请你的继子到餐馆吃饭……你们一起做的事情越多，你们对彼此的了解就越深入。你的伴侣帮助你的手段就是不要在每次你和继子出去的时候都黏在你们身边。当你们意见不合时，可以一起学习澄清事情。最后也是最重要的一点，如果你不能立刻喜欢上你的继子，不要感到羞愧。所有人都需要时间适应新的家庭，成年人也一样。继父最主要的任务就是在母亲的帮助下与男孩建立积极的情感关系，这是需要时间的！至于纪律和权威问题，需要循序渐进，特别是当生父母的风格与你不同或者教育观念与你相反时。无论如何，仅仅因为一个新的成年人的到来就要改变所有规则，对一个青少年来说很快就会引起冲突。

显然，所有这些问题已经够复杂了，但如果新的家庭双方都有孩子时，这个问题会更复杂。每对亲子关系都有他们自己的故事和自己的准则，这些规则的差异可能与足球和篮球的差异一样大。你喜欢晚上跟孩子们在床上看电视或者聊天？你的伴侣则宣布了父母的卧室是私人领地，孩子禁止入内。你喜欢晚饭一做好孩子们就来吃饭？你的伴侣却认为在他们的年纪他们没有任何理由在上桌前不花时间做些该做的事。你在家对孩子们的学业看管得很严？你的伴侣则不这样做。你有条狗？你的伴侣却有两只猫。等等。在重组家庭中，通过讨论开启新生活是很好的选择。首先，讨论要在成年人之间进行，这个讨论是为了对基本规则达成共识，并且确立相互间的让步条件。你们还能一起决定一些可以商量的家庭规则以及不容置疑的规则。另一项基本原则是，对所有孩子一视同仁，因为在重组家庭中，他们对不平等的敏感度比其他孩子更强（其他孩子都已经够敏感了！）。

4

我跟我儿子相处得不好，该怎么办呢？

母亲对儿子的爱要多强有多强，但绝不可能没有困难。我遇到过一些母亲，她们承认自己对儿子有过愤怒，或者至少是矛盾的感情。这种感情通常与男孩令人辛苦的行为有关，比如拒绝去学校学习等，有时还与让母亲有消极认同心态的普遍态度有关，这也同时将父亲与儿子联结到了同一个“危急”阵营中。在更罕见的情况中，一些母亲在儿子无法达到她自己理想生活的高度时会很失望。在《我的父亲鲍嘉》一书中，鲍嘉的儿子史蒂芬不仅要与父亲算账，还要处理与母亲的纠葛——在他的刑侦小说中，他还把一位与劳伦·白考尔极其相似的女演员“写死”了。在读过这本书的手稿后，人们认为白考尔应该向儿子表达了祝贺，但她应该还心情一团糟地对他说了这句话：“史蒂芬，你把我杀了！”儿子在接到母亲电话时很高兴，也为自己做了辩解，但他解释说他无法忍受父亲刚去世母亲就搬走这件事，特别是她还强迫他和法兰克·辛纳屈一起生活，并且在去伦敦或非洲拍电影时把儿子一个人留在家。然而，最有趣的是，史蒂芬·鲍嘉在知道母亲一直为他骄傲时感到特别开心，即使他曾想过她会因为自己不像父亲而怨恨他——这很好地展现了母子关系的力量。

第十章 生活中的一些场景

对男孩的教育是一个愉快的过程，但是布满了陷阱。每个母亲在某个时刻都会有无能为力的感觉。我们不能因此就说她是个坏妈妈，因为男孩就是按照他们本来的样子被创造出来的，也就是说，不是按照母亲本人或她希望他变成的样子被创造出来的。

他不听话

男孩更喜欢用对抗而不是个人魅力来凸显自己的存在感。对某些男孩来说，对抗就是一切，重要的是能和他母亲的所有要求唱反调。为了达到这个目的，他们经常会在母亲独自一人时进行对抗，问题就是不能把这件事变成私人的事情。通过拒绝别人的提议，不听话的男孩给了自己独立感，这件事确实很矛盾，因为他在母亲身上引起了比他听话时更强的焦虑或更有侵略性的关注。如果他像很多女孩一样表现出明显的顺从，那么他就可以做他想做的事，母亲也可以继续认可自己。“他不再爱我了吗？”担心的妈妈通常会这样问自己。他当然爱你，放心吧，不听话和孩子对你的爱没有任何关系。最好的证据就是他在度过“危机”后一小时内就会跑到你的怀里求安慰了。而作为母亲不要忘记的一点是，为了完成挑衅这个动作，既需要有挑衅者也同样需要被挑衅的人，母亲不要任凭自己陷入这个角色中。

孩子在某些时期会有特别敏感的对抗表现。他们的任性行为在两岁半到三岁半之间，也就是自我肯定的第一个时期，是很频繁的。当他们变得有侵略性并且没完没了时，他的愤怒会越来越严重，会在地上打滚、喊叫，因呜咽而窒息，这些任性的行为在此后会助长孩子想无所不能的意愿，不尊重界限和禁令，不能容忍侵占。所以，在孩子很小的时候，父母应对他们的愤怒和任性表现出连贯、坚定但友善的态度，而且父母两人的态度一定要一致。对孩子来说，任性通常是为了改变父母对他的关注，或者通过利用父亲和母亲间态度的不统一来获取他被禁止去碰的东西，于是愤怒变成了奖励的先决条件。教会小孩子克制自己的侵略性可能是应对青春期突发事件的最好预防手段。那是第二个自我肯定的时期——新的对抗期。

母亲也应该学会了解不听话的男孩，一般来说他会跟所有这个年龄段的男孩一样，可能表现得像专家所说的那样是个“爱挑衅、有敌意的麻烦制造者”。这里指的是一个整体上表现出挑衅性、侵略性和消极行为的孩子，这些行为会持续至少六个月，并反映在一系列有特点的行为上：频繁发怒，频繁激烈地对抗，在家里和学校拒绝服从大人的要求或规定，对父母所有的建议都要争辩，骚扰其他孩子或故意表现出侵略性，可能做出极端举动，出现习惯性将自己犯错的责任归咎于其他人的倾向，经常出现坏情绪。他们身上所有这些行为都可以让我们分辨普通男孩和可能有麻烦需要听从专家建议的男孩。我接下来会阐述“家中暴君”类孩子的问题。

他只喜欢玩

你可以不让他们吃冰激凌、看电视、看哈利·波特或和最好的朋友玩，但你不能阻止你儿子一有机会就想玩。“游戏男孩”这种游戏机的名字不是随便取的。8～19岁的孩子中有3/4会玩电子游戏，但不管是电子游戏还是传统游戏，玩耍对男孩来说是很基本的需求。男孩对打斗游戏或捉迷藏的热情，很好地展现了他们试图通过这种方式将自己提出的各种个人问题，特别是他与父母或兄弟姐妹的关系问题，融入游戏体验中（让人害怕、感到害怕、自己吓自己、为了重逢而分开，等等）。

屡禁不止的打斗、强烈的情感和恐惧是男孩放纵和享乐的根源。问题并不在于你的儿子喜欢玩耍，因为游戏是快乐、表达、社会化和思考之源，问题是他只想着玩，对其他你希望他感兴趣的东西置之不理，比如阅读、课业、拜访家人或去餐馆和博物馆。这可能还会让一些母亲想起她们孩提时代与自己的兄弟在一起时或多或少辛苦的生活。那么，该怎样帮助你的儿子呢？显然，越界就是过分了，确定底线很有必要，但最有效的方法无疑是对他的游戏产生兴趣，跟他谈论游戏，以便他能在该不玩的时候脱身——离开是为了下次再玩。妈妈也可以谈论他儿子最喜欢的游戏来了解原因，要对适用的词有着完美的掌控："十分钟后我们吃饭，你把你的游戏搞定，把它保存好，然后过来吃饭！"这就让你避免了与一个赌气的儿子待在一起，因为强制他退出游戏会让他因失去部分决定权而感到恼怒。

他有嫉妒心

男孩的嫉妒心并不是什么刚出现的问题。《旧约》中的第一个谋杀案就是该隐谋杀他兄弟亚伯的案子，该隐杀人的原因就是他认为天父最偏爱他弟弟，所以他感到嫉妒。其实，嫉妒心通常与嫉妒者认为父母对孩子的爱不公平有关——我们还记得以撒和利百加的长子以扫，他很嫉妒雅各，因为母亲更偏爱雅各。更常见的情况中，是新宝宝的到来让今后要与别人分享父母之爱特别是母爱的长子，开始产生嫉妒。对他来说，分享就意味着自己得到的东西变少了：更少的关注、更少的爱、更少的爱抚。如果男孩有嫉妒心，他们的嫉妒心会比女孩的更强吗？

亚历山大的母亲向我咨询了长子对弟弟奥雷里安过分持续的暴力问题。难道是因为她给两个儿子取了皇帝的名字吗？说正经的，我问了亚历山大，他对我说他不喜欢他弟弟，弟弟做什么母亲都允许，还总是给他找理由，最重要的是，她不爱他。妈妈否认了他儿子所有的证词，并且对我说亚历山大在独自跟她在一起时特别听话，甚至有点儿太黏人了，但只要他弟弟在，他就变得特别讨厌。我很快就发现了奥雷里安很符合他母亲向我描述的样子：这是一个和他父亲一样迷人的孩子，而亚历山大和弟弟的这种对比正是前者痛苦的根源。俄狄浦斯情结啊，真拿你没办法！

如果兄弟姐妹的存在是笔财富的话，它同样也是爱和分享的关键。我们知道童年时兄弟姐妹关系的质量通常是亲子关系的迁移或体现，我们也能看到兄弟姐妹之间热情的同谋关系、敌对关系或者充满嫉妒心的关系，有时甚至是被侵略性或恨意等情感掌控的关系。在大多数情况下，我们在所有兄弟姐妹的组合中都能观察到波动非常大的关系。不难看出，与童年时构建的关系以及与父母在一起时的关系相比，兄弟姐妹之间的关系在青春期时有了戏剧性的转折。有些关系表现出了非常强的默契；另一些关系则相反，就像亚历山大一样，看起来永远都处于敌对状态无法自拔或者充满了类似恨意的感情；还有一些关系中，我们会看到与其余兄弟姐妹（除了要好的）疏远或差不多完全“决裂”的状态，就好像与父母的分离要包括与兄弟姐妹的分离一样。

至于兄弟姐妹中的长子，他在与弟弟妹妹相处时会采取与父母一样的态度，而当他父母对他使用这种态度时他是不满的。这在处于两种文化接合处的移民家庭中的青少年身上尤为明显，他们会否认与父母的关系，强烈要求自己适应他们所生活的这个社会的行为规范，却又会开始将他们母文化的行为规范强加给他的弟弟妹妹。此外，这个明显的矛盾现象表明了移民家庭的青少年与父母分离的需求，也表明了他们对身份认同的需求，而这种需求只能由家族历史来满足。

当男孩表现出不容置疑的嫉妒心时，我们最好不要絮絮叨叨地向他解释我们还是一样爱他，他很完美，他在爸爸妈妈心中永远都是有地位的，等等。但男孩察觉到，当家里来了客人（女邻居、阿姨或女性朋友），她匆忙地冲向那个小不点并且不停地夸奖这个对手的笑容、身高或食欲时，之前的解释并没有多少说服力。一个新的孩子威胁到了以前建立起来的秩序，这是什么都改变不了的事实。反之，我们建议父母花足够的时间与有嫉妒心的孩子在一起，跟他玩或者陪他参与他喜欢的活动：孩子们喜欢为他们量身定做的爱，而不是统一标准的。我们同样建议家长在他抱怨或他对弟弟妹妹生气时倾听他，可以评论但不要评判他所说的话，然后要记住另一件事：语言永远比挑衅的动作和病症更可取。

他不选择好人当朋友

所有的母亲都希望她们的孩子有一些自己也能欣赏的同伴。她们害怕儿子被那些不学习、只想着玩的孩子，或者更糟的是，经常出入不良场所的孩子影响。因为与女孩相比，男孩对母亲谈起自己朋友的次数更少，所以他们母亲的担心加剧了。她们也知道，男孩为了得到幸福，让自己社会化，他们需要有一些朋友，而且她们不应该过度保护他们。

作为父母，我们应该倾向于孩子选择与自己不同的朋友还是跟他志趣相投的朋友呢？理想的情况显然是两种朋友的混合。只有一种关系是不应该被鼓励的，就是那些加剧你儿子缺点的朋友关系。比如，一个好斗的男孩，一个腼腆的男孩或是一个不成熟的男孩，可能会更倾向于选择像他们一样的朋友，但若母亲想慢慢地促使他交一个并非与他截然相反而是相对“折中”的朋友，也是很正常的。

他说谎

在同一年龄段，男孩说的谎要比女孩多，而且更拙劣。母亲很清楚这点，但当儿子厚颜无耻地向她撒谎时，她的恼怒不会因此减少半分。

> 埃迪特是12岁的克里斯托弗的母亲，刚刚从学校打来的电话中得知她儿子已经连续两个下午没去上课了。儿子下午五点回家时，脸色涨红，气喘吁吁，母亲立即问他：“你今天下午干吗去了？”克里斯托弗感到被发现了，难以直视母亲的目光，并嘟哝着说他跟平常

一样去上课了。面对这个回答，埃迪特应该准备战斗，通过仔细紧凑的盘问让儿子坦白交代，还是就像她自然而然希望的那样，变身成侦探，一旦失败，就逼出所有口供变成检察官？这真是很难回答的问题。总体来说，规则就是不要问那些我们已经知道答案的问题。当孩子们猜到他们的父母已经知道答案时会感到更羞愧，而且他们会说更拙劣的谎言来为自己辩护，进而就无法逃脱出这个早已令他深陷其中的陷阱了。

当现实对孩子来说代表着危险时，他就会说谎。一般来说，恐惧和希望是他们说谎的两个主要原因：害怕犯错，害怕感觉自己像白痴或不诚实，害怕耻辱或看起来很没用；或是希望他自己的幻觉比现实更强。谎言揭示了我们希望成为的样子或希望做的事：成为最强者同时让父母开心——尽管事实与愿望总是南辕北辙。另外，孩子会隐瞒他是暴力事件或街头偷盗案的受害者，特别是当这件事发生在他应该上学的时间内。这些都是当今社会发生的事。

除了一些特别严重的情况或习惯性说谎，家长与其为了得知真相而大动干戈，不如了解孩子说谎的原因。埃迪特显然不应该隐瞒她知道的事，但与其让自己陷入情有可原的愤怒中，她还不如用另一种方式打开这个局面，比如这样说：“你在学校应该有不小的麻烦，所以你才连着两次都不愿意去上课。”在克里斯托弗可能想回避的事实面前，这位妈妈应该追根究底并且巧妙地向她儿子提出建议来帮他，而不是让他自投罗网。

他偷东西

在发现儿子偷他朋友的铅笔、偷他父亲钱包里的钞票或偷商店里值钱的东西之间，是有区别的。面对这些发现，母亲的焦虑表现应该有梯度变化，而且尤其要依照客观因素：他从什么时候开始偷的？这是习惯性的吗？他对他的行为有意识吗？等等。从心理学家的角度来看，母亲应该学会分辨孤立的冲动行为和强迫性行为，冲动性行为在社会意义或法律意义上可能让人担忧（比如偷商店里值钱的东西），但心理学上没有严重性；而强迫性行为是有内心强制感的行为，它存在精神病理学上的问题，所以是会复发的。

就像对谎言一样，面对男孩的偷窃行为，我们最好理解他这种表现的内在需求和成因——即使这种需求是不现实的，这些成因是不可理喻的，而不是立刻就把他当成小偷和说谎者。我们也不应该去提一些已经知道答案的问题，而应该清楚明了地说出我们知道的事实，我们的想法和我们期待的即时态度（把偷来的东西还回去）和后续态度（永不再犯）。

他学业有困难

当前社会的评估表明将近80%的初一学生会一直读到参加高考，而这个数字在30年前只有30%。在这个升学率激增的背景下，我们怎么能说那些因为自己儿子成绩不够理想而担心的母亲是错的呢？无疑，她们对成绩的紧张有时是过度了，最常见的情况是，认为对孩子而言最重要的仍然是学业成功。在理想的情况下，每个人都应该能最大限度按照自己的节奏发挥自己的才能，但学业中和社会上的现实情况并不是如此。

不是所有男孩在面对学业时都是一样的，我们能找到充满梦想的学生、腼腆的学生、喋喋不休的学生、安静的学生、焦躁的学生、顽强的学生……他们的情感和生理需求不尽相同，也需要遵循不同的节奏。无论如何，对所有学生来说，读小学一年级，读初一，然后高中选专业是几个重要的阶段。在初中和高中面临方向选择，决定未来的学业类型以及职业类型时，即使有成功的方法，母亲的担忧还是会很明显；对另一些人来说，这是真正的航向改变，但看起来很必要。母亲可能会将这种方向的改变看作失败，并且感到极其失望，或者视为解脱——因为她们就此摆脱了有时让人筋疲力尽的，因为儿子不肯就读传统专业而要展开的斗争。

接下来就是高二和高三，这两个年级的终点就是高考。当高考突然出现在一个情感、关系和社会潜能的发展三足鼎立，而孩子又需要将自己的兴趣领域缩减成以被录取为目标的密集脑力学习时，高考引起的焦虑会更严重。很多青少年会强调这个目标看起来很可笑，但很必要。他们的父母在向孩子们重复“先考过高考”时，有着惊人的激怒孩子的天赋——即使孩子在内心深处很清楚父母是有道理的。

男孩在某些时刻比女孩有更多的学业困难。与女孩相比，他们的注意力更难集中，也需要更频繁的活动。一些研究表明在同等成绩的前提下，老师给女生的分数比给男生的要高，因为女孩更加安静稳定。女孩更用功是因为她们更能集中精力做自己的事，而不是因为她们从中得到了乐趣。此外，人人都知道对学习的组织是学业成功的关键因素，而女孩本能地就更善于进行组织安排。所以问题的原因是多种多样的。男孩总是看起来比他们的女同学更喜欢在学习上反抗父母。当我们在情感上太希望孩子学习好，孩子就很有可能无意识地表现出他的反抗和强烈的自我感受，并试图抵抗父亲或母亲的需求，比如拒绝去上学，就像他小时候可能拒绝吃火腿、肉或鱼这些父母为了他身体好而苦口婆心劝他吃的东西一样。

作为对父母禁止他们在写完作业之前看电视、玩游戏或与朋友一起出去的反抗，孩子们在学校的问题上总有让他们父母失败的能力。对学习的反抗不是一个容易解决的问题。我经常听到一些父母说他们已经试过了所有方法：强硬手段、怀柔政策、激将、威胁、奖励，等等。但如果说父母放任自流的态度会加剧孩子不被理解的感觉，那么对学业过于严格的监管就会加剧孩子的反抗。

找到合适的距离通常不简单，也不能一蹴而就，最重要的是修复孩子和父母在没有意识到的情况下任凭自己禁闭其中的恶性循环。父母对孩子的学习能力逐渐形成的负面印象，很快就会变成对孩子整个人的负面印象，如果他的兄弟姐妹学习很好的话，这个印象还会加深。从青春期开始，一般不提倡父母与孩子学业产生直接的关系，第三者介入的形式则明显更为可取。

作为总结，我想提一个特殊情况——逃学，它的范围一直在扩大而且涉及的男孩更多。在11～19岁的孩子中，41.7%的孩子从来没有（故意）迟到或缺席，45.9%的孩子偶尔会迟到或缺席，9.7%的孩子经常用这几招，最后2.7%的孩子经常性迟到缺课。迟到和逃学应该被严肃对待，不仅仅是父母，老师也要严肃对待。因为，如果所有孩子中有13%的人经常缺课（迟到、请假缺课或没有请假），那么规律性酒精消费者的比例会增长到28%，日常烟民的比例会是27%，吸食过毒品的人会占35%。不管被考虑的产品是什么（酒精、烟草或毒品），它们的消费者缺课的频率都比不消费这些产品的人要高。

考虑到这些行为之间千丝万缕的联系，我们不应把这些行为归结为简单的因果关系。消费酒精、烟草和毒品，缺课和不满意可能是同一种更普遍的不适感的不同表现方面。在日本，60%～70%的对青少年的精神病诊断都是源于他们对“学业焦虑的拒绝”，日本人并没有对此大惊小怪。母亲通常比父亲更敏感于儿子的焦虑，父亲则更喜欢迅速的解释（比如“这是个懒货”或者“操纵者”）。每个母亲都有权确认她的儿子是否去上课了，不必因此陷入过大的压力中，压力可能会对我们追求的目标产生副作用，并且可能引起心理障碍。

第十一章

我遇到了困难!

男孩显然会给母亲带来很多比我们刚见证过的艰难时刻更严肃的问题，而且这是一个身体健康的男孩的日常生活。在最常遇到的或被母亲提出的问题中，总有暴力或胆怯，焦虑或抑郁，甚至还有毒品问题。

我儿子被侵犯了

很多母亲都担心他们的儿子在学校，或去学校的路上（不管哪条街上）被侵犯。不幸的是，我们应该学会对孩子说不要反抗，被偷了衣服或手机也没事，只要没有生命危险就没什么严重的，然而这些宝贵的建议碰上了两个障碍：我们教育孩子的言辞（生活中要学会自卫）和男孩的自尊心，他不想被掌控，尤其是非正义的掌控。然而这份自尊可能会在侵犯发生时，在比偷钢笔或夹克更严重的生命危险的关头表现出来。在面对攻击时，孩子会采取两类态度：要么为了展示他捍卫荣誉的能力而战斗；要么逃跑，但做出逃跑的决定之前总是需要在自我保护的倾向和正视危险的愿望间做一番斗争。

同样，这份很男性化的自尊也会让儿子在成为侵犯的受害者时保持缄默。我接诊过一些母亲带过来的男孩，因为她们觉得有些事情发生了。这些有问题的事情表现为失眠，对噪音过度敏感，逃避的态度，对父母特别依赖或者不再回答父母向他提的问题。有好几次，这些男孩向我“坦白”他们被侵犯了，但他们不想让母亲担心。我的工作恰好就是让他们清楚明了地与母亲谈话，以便他们各自的焦虑都能得到缓解。

无论如何，面对一个经受了真实伤害的男孩，不管是什么样的伤害，重视他的焦虑都是很必要的，也就是重视对他的侵略性表现的未来预期，也要防止他在事件发生的几天或几周后突然出现不同的行为和不同的思想。如果可能的话，这种态度与对我们今天所说的创伤后心理压力症的预防性治疗不谋而合，这也需要采用深入的心理治疗工作（表达、支持、理解，以及对焦虑的认识和行为管理，还有生理和心理上的放松）。

我儿子太腼腆了

在即时性场景或某个让人印象深刻的场景（陌生人的到来，在别的学生面前背诵课文，需要通过的口语考试，加入已经组建好的运动队，钢琴或小提琴独奏）出现的腼腆，在孩子身上很常见。腼腆的表现也会因场景的不同而变化。一个女老师要是给一个妈妈打电话说她儿子在班上太腼腆了，这个妈妈可能会大跌眼镜，因为他在家总说个不停。一般来说，只有当腼腆成为障碍，也就是说当腼腆影响到孩子生活中的各种不同活动，如与同龄伙伴的关系（包括玩游戏时）、心理生活（比如他表现出明显的抑制幻想的举动）、智力生活（比如学业问题）中出现了一些问题，它才应该被严肃对待。这三个领域一般都涉及在内，但跟其他两个领域相比，腼腆可能只统治了其中一个领域。让我们来详细地探讨它们。

男孩的腼腆在人际关系中是最明显、最常见的：孩子不敢对家人以外的人说话，只要超过两个人他就不敢说话，不敢参与体育或文化活动，虽然明明很渴望却不敢打电话，与自己的表兄弟保持距离……腼腆的特点，特别对男孩来说，是很难像其他同龄男孩一样让自己处于对抗或竞争的状态中。我们经常能发现这种腼腆下隐藏着的幻想生活，这种幻想被他的表达能力抑制了，但十分丰富。另外，孩子经常会害怕他的幻想被发现或者被别人猜透，特别是当这个别人是他的幻想目标时。男孩和女孩的腼腆很大程度上都建立在这种恐惧的基础上。这种腼腆通常与负罪感或羞耻感有关，在青春期很持久，一般来说会在参加工作后逐渐缓解。最后，腼腆可能表现为对思维的抑制，这种抑制的形式可能是学业（如考大学）失败，有时还会引起继续求学的问题，让孩子无法继续待在同一个班级、同一个学校或继续攻读他与父母已经预先选好或投入了精力的专业。

面对学校的问题，母亲应该分清是真正的集中注意力、记忆力或学习能力的问题，还是由于极端腼腆导致的思维抑制，这种抑制会成为他今后学习不努力的潜在根源。从最纯粹的形式来看，抑制还伴随着继续求学，完成学业的坚定愿望，但孩子太害怕失败或自认无法完成，就容易陷入激烈而无结果的工作中。在大部分情况中，这种伴随着学业相对失败的思维抑制通常发生在智商很高甚至智力超群的儿童或青少年身上，而失败只会使孩子变得更矛盾。当思维抑制一直持续时，它总会导致一些对智力活动的排斥或逃避行为。孩子，特别是青少年，突然表现出了对学业明显的不感兴趣或轻视，这种行为的基本作用就是掩盖隐藏在暗处的抑制。母亲、父亲、老师、心理学家或医生都应该警惕不要让自己陷入对孩子前几次判断的陷阱中，因为这可能会让他封闭在循环往复的失败行为中。我们发现与女孩相比，男孩表达自己感受是更为困难的，即使每个人的性格会让这种不同有着些微差别。为了避开这个陷阱，了解思维抑制经常伴随着隐性但明确的神经官能症的症状很有必要：强迫性行为以与学业有关事物中的完美主义和谨小慎微为标志（抄写课文时花的时间过多，过度的不满足感，等等），更有甚者，对脑中留白或空白印象的极度克制，特别是在考试的时候（著名的白纸焦虑症）。

表现出过度腼腆的男孩应该被理解，并且在心理上应得到帮助。根据孩子和他母亲的愿望，根据孩子对成人所提供帮助的接受能力，我们将为某个孩子选择两种方法：要么是个人或集体的认识—行为治疗，通常伴随自我认同的技巧和放松疗法，要么是带有精神分析倾向的试图理解极度腼腆深层原因的心理治疗。我们也会给母亲或父母双方一些建议，以便其激励他们的儿子在日常生活中认同自我的行为。

我儿子没有自信

缺乏自信经常与前面提到的腼腆或后面提到的过度焦虑相关，从而可能变得很有侵略性。这个问题经常是被老师发现的，他会察觉到男孩在回答问题时很犹豫，虽然他知道问题的答案；或是在操场上拒绝玩球类游戏，并解释说他会让其他人输。母亲一般对老师的话不会感到震惊，她自己也能发现，与他的兄弟姐妹以及其他同龄孩子相比，儿子在要去赛跑、在餐桌上发表意见或谈起他总是害怕搞砸的学业时，他总是缺乏自信。

怎样才能帮助一个男孩找回自信呢？首先我们不应该为了让他做他不敢做的事而骚扰他。“去跟那些有球的男孩玩！”可能会是个好建议，前提是你儿子在犹豫但无疑很想去玩。如果他根本不想玩，这要求就会让他很难受，他会因为缺乏自信而拒绝。父母也不应该将儿子置于以他的成熟度来说不足以面对的考验中。我们不会要求孩子刚学会走路就去骑自行车，这是显而易见的。对于别的活动，特别是学校的活动也是一样的。如果我们面对着一个在学校严重缺乏自信的男孩，我们应该在其他领域肯定他（运动、绘画、音乐、电脑、他喜欢的朋友等），同时在他成功完成的事情上祝贺他，尤其要让他成为主角。当他从学校带回来一个较高的分数时，我们最好对他说“你应该很满意，为自己而骄傲”，而不是“我很满意，我因你而骄傲”。最后，我们可以跟他一起思考以便了解他应该怎么做才能在某个领域取得成功，或者怎样才能完成这次问诊，给他更广泛地应用有效方法的途径。

我儿子太焦虑了

有很多研究致力于探讨儿童的焦虑问题，特别是从学龄儿童开始。下面就是这些研究中的一个。我们呈现了一个仔细筛选的37个问题的清单，孩子只需依据三类因素——焦虑的心理表现（失眠、心跳快、如鲠在喉等），担忧和极度敏感，以及恐惧和精力不集中——来回答是或不是。这个问卷可以让我们评估6～19岁孩子的焦虑程度和状态。从中可以看出，男孩得到的分数比女孩少，这个差距会随着年龄增长而拉大，尤其从青春期开始。但我们采用的这些量表真的衡量出了焦虑的真实状态吗？女孩分数更高的原因难道不是因为她们更了解自己的感情，而男孩更难以接受自己的缺点吗？一项没有建立在自我评价基础上的、对孩子焦虑度的测试，消除了我们的一部分疑虑，得出了和前面问卷调查一样的性别差别（但确实没有那么明显）。

另一项结果意义重大的研究是由两个研究员展开的，他们询问了482个6～12岁孩子的母亲，其中49%是男孩，51%是女孩。在43%的有“频繁恐惧或担忧”的孩子中，差不多2/3都是女孩。而母亲对现实情况的反馈只有略微的滞后，因为从她们的回答中我们得出的数据是41%。如果女孩真的更容易在语言和肢体上表达她们的担忧，这些评估量表和心理测试无疑显示了她们身上潜在的极强的焦虑，这个潜在的焦虑从青春期开始会加剧。所以男孩的母亲可以安心了：焦虑情绪会更频繁地出现在女孩身上，而不是男孩。

然而，因为其他的研究坚称男孩更易出现“超胸腺”性格，也就是过度乐观、自吹自擂、外向、纵情和过于频繁的易怒倾向。其实我们可以自问，儿子是否真的没有女儿那么焦虑，或者说他们的性格是否不能让自己通过不同的方式表达这种焦虑。很多母亲都说自己儿子是个爱焦虑的人，他“很胆怯”“小题大做”，但同时又是个胆小鬼。其实，从更广义的角度来说，男孩表达焦虑的方式与女孩不同。女孩能通过语言清晰地说出她们的焦虑，而男孩更倾向于通过好斗、骚动或退缩的行为来释放或表达焦虑。

当儿子焦虑的时候母亲通常都能猜到，她们应该做些什么呢？首先要了解什么是焦虑以及他焦虑的原因。焦虑是一种经常出现的复杂的情感现象，它被视作生理机能的正常信号，是一种对生活中压力事件的必要反应，但在人生的任何年龄段它都可能成为失望、相遇、事故或躯体疾病的后果，或者成为心理问题的后果而不是原因。同样，对于酗酒或吸毒的青少年，焦虑不一定是诱因，而是他们毒瘾的后果。只有经过仔细的检查排除对压力环境、身体疾病或突如其来的重大事件之正常反应这些可能性，我们才能确认这种焦虑是不是他痛苦的关键，以及是不是表明他遇到了需要缓解或关照的麻烦。

我们同样也要意识到，不同年龄段的人表达焦虑的方式是不同的，就像压力事件的状态一样：婴儿有吃喝或睡觉的基本需求，1岁左右会怕生，2～3岁会害怕分别，然后随着时间流逝，上学、遇到爱情、第一次性关系、工作都可能是产生焦虑的事件。对于最深的焦虑，比如对分别的病态焦虑，一项有趣的研究对三个组别进行了对比：一组5～8岁的小孩子，一组9～12岁的大孩子以及一组13～16岁的青少年。这项研究表明，“病理型分离焦虑”症状的表现依据年龄的不同而不同。答案是肯定的。青少年在学校明显表现出对外表的不满（100%），而只有2/3的大孩子和1/3的小孩子对此有抱怨。青少年最常出现的症状是厌恶、拒绝去学校和对外表的不满。大孩子最常出现的症状则是面临分别情形时的悲伤和退缩、麻木、悲痛以及分别时几乎无法集中注意力。而对于最小的孩子，他们的症状则是害怕有什么事情发生在他的依赖对象身上，这个对象一般来说是母亲，以及害怕有什么重大事件会把他和他的依赖对象分开。

这项研究及其相关补充研究还表明分离焦虑的问题在进入青春期时会有所减缓，而厌学问题却会加剧。最后，童年时对分离的过度焦虑可能是青春期和成年时种种问题的诱因，这个观点现在已经被大众熟知了。贯穿整个童年的分离焦虑在青春期的男孩中，在有贪食症、毒瘾、抑郁和焦虑的年轻人中，是一个常见病。

妈妈也应该学会区分儿子身上出现的被专家称作害怕、焦虑、恐惧和威胁这几种情绪。孩子晚上在房间透过百叶窗看到对面商店的霓虹灯牌时会感到害怕：这种害怕是和害怕的东西联系在一起的。当这个孩子真的要自己一个人去睡觉时他也会感到焦虑，他的焦虑是没有具体事物的，或者说他害怕的是害怕这件事本身。如果他表现出怕黑，这说明一种灾难性的反应使他无法忍受或占据了他的大脑，我们把这种情绪称为恐惧。正如弗洛伊德所写的那样，“我们错误地把恐惧、害怕、焦虑这些词汇当成了同义词，而它们与危险的关系正可以让我们将其区分开来。焦虑一词指的是对危险的等待以及为此做准备的状态，即使危险尚不为人知；害怕一词假想了一件我们害怕的具体事物；至于恐惧，它指的是当我们陷入始料未及的危险境地时突然出现的状态”。但当这个孩子因为他房间里有阴影而感到被威胁时，他的感受是恐惧，害怕，焦虑，还是应该说他首先主要感受到的就是威胁？这里既没有无法忍受的情绪（所以不是恐惧），又没有与危险成比例的逻辑关系（所以不是害怕），也没有对危险的完全不确定（所以不是焦虑）。那就只剩下威胁了，威胁一词表达了焦虑的问题与现实和幻觉的关系。这种威胁难道对孩子来说一点问题都没有吗？只要现实与幻觉之间的关系还是模糊、模棱两可的，这种威胁就依然会存在。

不论焦虑的类型是什么，出现在什么样的年龄或呈现怎样的程度，每个母亲都应该知道她的儿子在焦虑时会寻找一种对他无法控制的事情的解释和意义，也需要知道唯有向他解释发生了什么事才是让他安心的最好方法。如果她做不到，那么她应该咨询医生以便最大限度地帮助她的儿子，不要去多虑她应该为儿子的焦虑负责。这一点很重要：男孩可能特别焦虑，而这不一定是母亲的错。永远不要忘记他有父母两人，他也会通过父母对他的教育以及生活中的事件逐步构建他自己的易感性。

长期以来，我们都在过于焦虑的母亲肯定会造就焦虑的儿子这个论断上停滞不前。我记得有一天一位妈妈在我的诊室喊道："我的小男孩，我太爱他了！我无法忍受看他生病！"这位母亲不能接受她儿子的身体有一点儿不健康。只要儿子稍微有点儿恶心，稍微有点儿头疼，她都会急匆匆地叫医生，结果她儿子反而因此变得多疑了……然而，如今我们了解到我们不可能把基因习得和教育与文化习得分开。至少在过去的20年间，父母特别是母亲被认为应该对孩子严重的心理问题负责。我们讨论过“冷漠”的母亲或“过度保护”的母亲，以解释现实存在的，直到今天仍然没有人真正了解其病因的最奇怪的心理疾病：精神分裂症。幸好，最近好多研究都指出父母的态度只是孩子发育中各种严重问题的相关因素之一，有时甚至是一个非常次要的原因。一个美国心理学家在环境基因组互动和泳池游泳之间做了类比。游泳者心脏的脆弱性可以类比基因的脆弱性，泳池深度可以类比教育因素。游泳者的心脏越强，泳池越浅，游泳者就越不容易溺水。溺水的可能取决于这两个因素的互相关联性。母亲的焦虑在遗传给孩子的时候，也是一样的！此外，神经元的弹性机制可以让大脑在存活的全部时间对外界，对教育，对环境变化保持敏感。同理，这些外部环境对大脑也是有影响的。

我儿子抑郁了

女孩和男孩表达抑郁的方式是不同的。女孩表达不适的方式是通过对她们的身体形象、体重这类或多或少会扩散但不会第一时间就令人担心的痛苦，只是这种痛苦的程度和持久性，特别是隐藏在痛苦下的呼唤都应该得到重视。男孩更喜欢用好斗的形式表达他们的抑郁，以便通过明显的蛮横无理或暴力反应来发泄因他们对自己的负面印象而产生的紧张和痛苦。

20年来，出现抑郁情绪的儿童和青少年的数量持续激增，以至于我们现在把它当作真正的公众健康问题来探讨。如果参考最近的流行病调查，在法国，全国人口中7.5%的男孩声称经常或十分频繁地感到抑郁。我们常说，孩子们在成人前抑郁情绪是不稳定的。然而，一项美国的研究指出，在一个全部由青少年构成的小组中，他们的抑郁情绪比一般想象中要稳定得多：六个月的调查期间，67.2%的研究人群从来没有抑郁过，32.8%的人曾在某个时刻抑郁过，11.2%的人曾持续抑郁不到一个月，三个月和六个月。

大部分医生和心理学家已经认定抑郁是童年时很正常的状态，他们如今已经将无聊感、厌倦感、不适感、神经质这些很容易恢复的，其实属于童年正常发育阶段的暂时性情绪和真正意义上的抑郁区分开了。抑郁的表象可能很有欺骗性，但在孩子中最常见的情况，往往是符合我们称为抑郁威胁这种描述的表现。这种威胁表现在突然出现的担心甚至巨大的恐惧，害怕自我肯定，害怕被个人的失败，悲伤，沮丧和自杀想法侵袭的极度恐惧。这个问题最大的症结是急性或亚急性抑郁性焦虑，这种焦虑的主要特点不是对具体事物、情况或特殊行为的恐惧，而是感到被一种伤痛侵袭，这种伤痛中的某些因素可能在某些时候突然出现但持续时间永远不会超过几小时。最常出现的信号就是难以定义的不适感与心理和身体的紧张感，以及以各种方式伴随植物神经系统产生的问题，一般来说出现在急性焦虑症中（呼吸困难，心悸，痛苦或胸闷或腹痛，窒息感，昏厥感，等等），经常伴随其他的特殊表现，比如神经质，失眠，晚上做噩梦和沮丧的时刻。最后，主体声称他无理由地害怕感到失望，害怕无法成功完成他从事的工作。这种担忧的表现形式是从内心深处产生的威胁感，这种威胁感会优先在早上刚醒来时突然出现，但白天也会出现好几次，最后会转变为无法解释的愤怒危机或即时的沮丧感。反之，若不存在耻辱感，自责和抛弃感，也就不会有过度或不恰当的负罪感。

如今我们了解了孩子，青少年情绪问题的严重性在复发的情况下会加重，以及持续时间会更长。完全对立的情绪时刻（悲伤，退缩VS过度欣喜，兴奋）为今后可能出现的、应该预先诊断的“双向情感障碍”提供了指导作用。另外，一定数量的观察让我们认定，先天性抑郁比成年之后的抑郁更严重而且病因很可能是不同的。此外，人们对青春期时突如其来的抑郁状态的兴趣越来越浓厚——很大程度上是为了阻止人生中的这个阶段自杀事件的增加。1/3至1/2的自杀行为和医学上后果很严重的自杀企图都与抑郁的问题有关，并且70%真正抑郁的青少年在接下来的三年内都会有自杀企图。我们还要注意到，自杀想法（频繁或特别频繁）的流行，已不再是自杀企图本身的问题，而是与严重的抑郁问题密切相关的——尽管大部分抑郁的青少年没有尝试过自杀。一些因素比如好几个家人都自杀过的家族历史，童年时的性虐待，与同伴的关系质量不高，学业上的问题，甚至还有一些性格特点比如“神经质”、寻求新鲜感或对自己糟糕的评价都构成了额外的脆弱迹象。但要注意：脆弱既不是命运，也不是唯一的原因。

当母亲感到她们的儿子抑郁时，她们有理由严肃对待这份担忧，虽然在严重抑郁和因学习上的失败，朋友的“背叛”或一段感情破裂导致的轻微抑郁时刻之间是有着不同的级别的。而对此的诊断通常没有我们想象中那么容易，特别是对男孩而言，他们喜欢通过行为困难来表达自己的不适。在事实中，以下是三种应该仔细区分的情况。

1. 最罕见的情况。抑郁情绪的特有信号就在那里——

悲伤，特别是在所有或几乎所有活动上兴趣和快乐的明显减退（快感消失）。显然，我们同样可以观察出食欲和睡眠时间的减退，疲劳和精力消失的状况，但这些信号并不是摆在明面上的，因为它们被能更好辨认或辨认得更多的行为掩盖了。

2. 别的情况。男孩通过他的行为与他极其痛苦的抑郁感做着激烈的斗争，而且这种抑郁感不会立刻得到治愈。通常是母亲先“感到”儿子出现了问题，然后由于母亲将尝试建立对儿子的信心，儿子接下来才会证实他的抑郁感，他痛入骨髓，并且很为此感到羞耻。

3. 最后一种情况。即使最轻微的抑郁也伴随着其他更显眼的问题或为其铺平了道路：焦虑问题，进食困难，过量的酒精或毒品消费，严重的睡眠问题，行为困难，等等。

当儿子被抑郁的痛苦侵袭时该如何理解和帮助他呢？这种尤其会出现在男孩身上的痛苦，反映了对自我评价的降低和低人一等的感觉可能涉及某个特殊领域，如学业或体育上的耻辱感，也可能会影响整个人格。在这种感觉中通常还有不被爱或不被欣赏的感觉以及对外界的明显不感兴趣，这种不感兴趣会反常地通过追求他自身价值体现之外的活动来表现，而对男孩来说，唯一的冲突就在于他不能实现自己给自己提出的理想要求。这种理想要求的表现形式通常是自大狂式的，看起来可以填补失去自我的威胁。而面对这种“自我的理想”，如果不是“理想的自我”构建的完美模型，孩子的自我会产生带有抑郁特征的劣等感。这并不是说作为负罪感根源的冲突不会出现，而是说它将会处于次要位置。

青春期抑郁的根源并不是单一的。如果说生物神经的脆弱性是毫无疑问的，还有一个经常出现的原因就是家庭状况（葬礼，抑郁的父母，家庭冲突，离婚）或者是一些可能存在的情况（感情失望，学业失败，身体疾病）。另一个不容置疑的因素是，文化和当今社会的压力使得一些年轻人认为与他的期待和理想相比，这个世界是令人失望，让人恐惧或令人担忧的。最后，即使不想让任何人有负罪感，我们也不能否认当这种反应与夫妻不和、离婚、酗酒、父母离世或父母过度激起青少年出走愿望的控制欲有关，因为他除了这个粗暴的反应外别无选择，家庭环境就成了这种反应的诱因。然而，当这种反应与恋爱失败、感情破裂、学业困难或与另一个甚至另一些朋友的冲突关系有关时，家庭环境也能起到保护者的作用。

对这些抑郁表现的研究方式取决于它们的严重性。如果是轻微抑郁，应该选择的处理方法是自然的情感支持，这是所有父母，尤其是所有的母亲都本能就会做到的。如果事态的发展减缓或等这个艰难的时刻过去了，寻求专业人士的帮助也是可取的办法。如果是重度抑郁，处理方法在很大范围内与处理成年人抑郁的方法是一样的。它需要采取心理治疗方法，如果需要的话，还要从青春期就开始进行抗抑郁治疗，而专业人士不能自认为是“更优秀的父母”，他要尊重以下三个特点：

1. 一般来说在第一次见面时就会建立（或者无法建立）的治疗关系的重要性，在这个年龄是非常重要的。

2. 即使第一次会面就成功了，接下来也要很快进行密切问诊，这可以使青少年因我们对他的关心而感到安心，并且要让他接受心理治疗，如果需要的话还要接受处方药以及后续对他病情的监控。最后这种选择很大程度上要取决于治疗师最大限度减少副作用的能力。

3. 家人支持的重要性，他们往往与儿童或青少年一样承受着同样的痛苦。

我儿子嗑药

如今所有的母亲都害怕她的儿子在进入青春期时被教唆或训练消费违法产品，比如开始吸食大麻。根据另一项调查，20年来，年轻人中烟草以及更为明显的酒精消费看起来好像在波动起伏中降低了。然而，男孩比同龄女孩消费更多的白酒、啤酒，特别是烈性酒（见图11-1），总之这些产品的消费在青春期时会增长，带来了交通事故的风险。至于今天我们一般称之为“毒品”的消费，也可以断定男孩绝对比女孩消费得更多，大麻的消费大量增长，并且在吸食物中独占鳌头，大大超越了安非他命、迷幻药或其他的致幻药物，以及可卡因和海洛因（见图11-2、图11-3）。要知道，尝试过违禁药物的人经常会以规律或日常的方式消费酒精和烟草。

然而，不应该将所有偶尔嗑药的男孩看成毒瘾患者。其实，一些长期的研究表明在这几个年龄段中，将近一半的消费者在接下来的两年就不再消费了。消费并不是持续的过程，开始吸食毒品并不一定是逐步升级为毒瘾的开始。只有一小部分消费者会有毒瘾，但大部分有毒瘾的人确实在青春期就开始吸毒而且开始的年纪越来越小。所以面对消费毒品的男孩，辨别消费的类型、作用以及对主体社会生活和情感生活的影响是很重要的。

所以，在吸食违禁药物（大麻、印度大麻、用于毒瘾晚期的精神药物）的青少年中，区分偶尔吸食者和更频繁的吸食者是很有必要的，这些更频繁的吸食者中有某些人可能会一点点变成瘾君子。而前者只是因为好奇或把它作为逃避的手段，才一次性或断断续续地吸食毒品，他们会继续上学或工作，不会与家人决裂，保留各种活动和与同龄年轻人完全正常的关系。与前者相反，真正的瘾君子完全是另一个形象。他们将

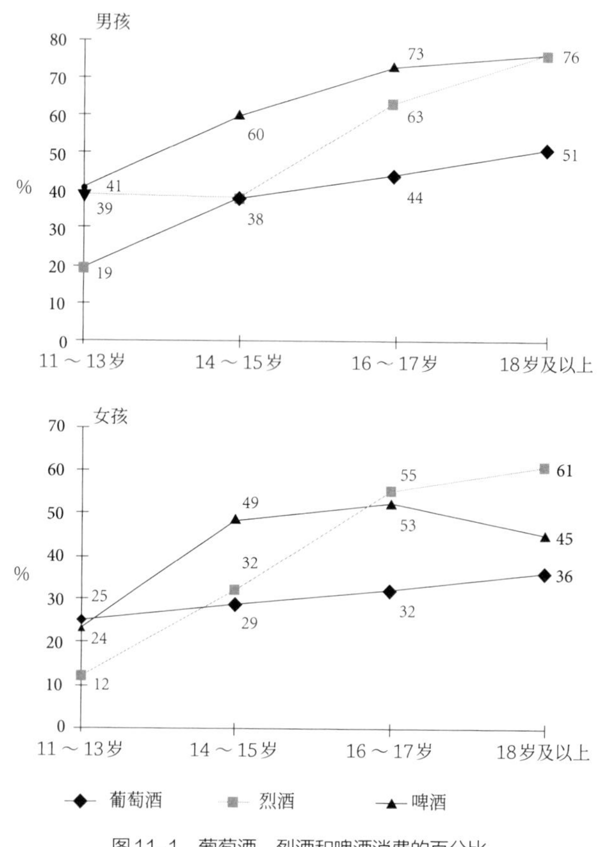

图11-1　葡萄酒、烈酒和啤酒消费的百分比

全部生命倾注在寻找毒品上，倾注在毒品的用途、效果上，并承受这件事导致的所有个人和社会后果。对他们来说，毒品已经成了他们个人的终结，他们已经无法放弃毒品了，而且毒品将他们生活中所有其他的兴趣和快乐都打到了第二梯队——如果他们还有其他的兴趣和快乐的话。

每个人，无论作为父母或是专业人士都应该尝试弄清楚青少年属于哪种消费类型。我列出了三种消费类型来帮助父母与他们的儿子交谈并且在儿子对他们说的话和他给父母带来的焦虑中做出平衡。

1. 节日型和消遣型消费，这种消费追求的是加入小组的活力和药物产生的快感。一般出现在晚会上，人们绝不会独自消费，最经常的情况是在周末、假期或节日里。要知道，人们在“锐舞派对”上吸食迷幻药是很频繁的。男孩不仅保留了他的学业活动，还保留了他对其他体育、文化或社会活动的热情。然而，学习成绩下降的情况可能会开始出现，因为所有药物，就算是印度大麻都会对注意力和记忆力有害。在这种类型的消费中，我们一般不会发现家庭危险的因素，个人危险的因素也很罕见。

2. 自我治疗型消费，这种消费追求的是药物的镇痛、抗分裂或抗抑郁作用（“很酷，很好”）。这种消费通常是独自进

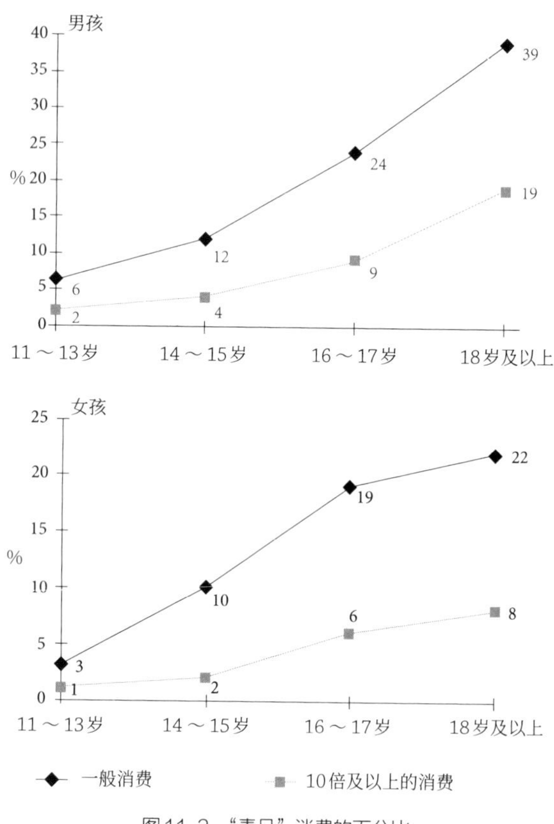

图11-2 “毒品”消费的百分比

行的，比前一种类型更有规律，特别是晚上在房间里的时刻，因失眠而追求睡意也是这种消费的重要原因。然而，这种独自的消费也可能会与小组消费的时刻交替。在学业方面，我们一般可以通过成绩下降，对学业越来越不感兴趣和

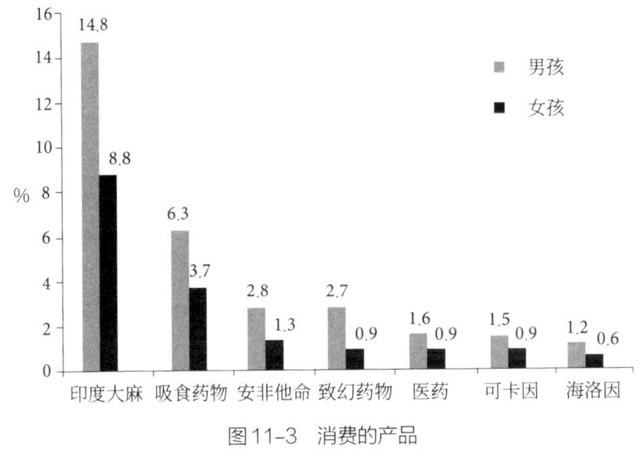

图11-3　消费的产品

越来越难投入学业中的表现觉察到辍学的最初征兆。学业失败可能会出现最后导致复读的后果。同时，青少年通常以更不规律的方式脱离他习惯参与的（体育的，文化的）活动。他的社交活动变得贫乏，社交人群仅限于其他的像他一样的规律性药物消费者。不一定会有家庭危险因素。同时，我们经常能发现现在的或过去的个人危险因素。在这些危险因素中，我们经常会提到频繁出现的睡眠问题（入睡极其困难，噩梦）或者一些童年时就已经存在的问题。我们也能在他们身上观察到上文描述过的焦虑或抑郁问题。

3. 真正的成瘾型消费，这种消费追求的是麻醉迷幻的效果（处于“昏迷状态”）。消费形式既有独自型也有小组型，很有规

表11-1 青春期几种毒品消费类型的主要特点

	消费		
	节日型	自我治疗型	成瘾型
追求的效果	快感	镇痛	麻醉
消费的社会模式	小组	独自（小组）	独自或与一组吸毒的人一起
学业	继续学业（成绩下降）	辍学或重读	被开除或休学
社交活动	保留	受限	边缘化
家庭危险因素	无	不一定	有
个人危险因素	无	有	有

律，差不多是日常消费了。被学校和社会化进程开除是这个消费群体的主要危险，在此之前还会有频繁的中断行为（不停地换学校，换专业，不断失败直到被开除）。在社会方面，青少年只和其他处于边缘和中断状况的年轻人有联系。发现一些家庭危险因素是很频繁甚至很正常的事：父母关系长期不和谐，或者家庭氛围令人窒息和过于严格，不同年代的人之间病态的联盟（父亲或母亲与他的孩子一起联盟对付另一个人），重大的社会经济困难，纵容和漠不关心，酗酒或有毒瘾的父母。我们也会发现个人危险因素。它们跟上文提到的危险因素一样，但经常隐

藏在大量的毒品消费里（很难判断当正常的社会节奏完全被打乱时他们的睡眠问题有多严重），并且可能同时成为滥用药物的原因和后果。

除了关于这些逐年增长的吸食类型的数据，母亲首先要理解的是儿子可能吸食或已经吸食药物的原因。其实，要确定促使青少年吸食非医用药物的原因不是那么容易的事。另外，药物种类繁多，消费者构成复杂也增加了解释这个原因的困难。我们要认识到一开始消费药物的原因通常是好奇心。一些年轻人（并非所有人）会从中汲取快乐，尽管他们知道这种满足感是稍纵即逝的。而继续吸食的那些人代表了第二种比较大的动力：对人为“放松”的需求。也就是说成为瘾君子或吸食药物很厉害的青少年是一些在他们的个人生活或人际关系生活中，在日常智力、艺术或体育活动中，或个人思考中找不到除了求助毒品以外放松方法的人，药物的化学作用可以带给他们本来在更正常的活动中期待的东西。

从心理学的角度说，毒瘾代表着一定数量的无意识动机，克劳德·奥利文施坦是最先关注这个现象的几个专家之一，他用特殊关系的形式介绍了这种无意识动机：

- 与反抗和法律有关。这种关系会在瘾君子身上造成唯一可能的暴力，随后变成对他自己身体的使用和转化。

- 与快感有关。我们认为自己至少在第一次弄到毒品时掌控它的力量，它的介入会带来高潮的快感，这份快感通常有着很出众的质量，而且比性高潮的快感还要强。

● 与自身有关。在这种关系中使用毒品，自己注射反映了对自身存在的证明。

● 与危险和死亡有关。因为如果吸食毒品有危险的话，那么这个行为中同时存在追求危险和拿死亡开玩笑两个因素。

现在，大部分专家都赋予了毒品一种共通的意义，即保护过于脆弱的自我免受过强的焦虑和抑郁的伤害。在这一点上，吸食毒品和青少年抑郁的关系是极其紧密的。毒品消费、焦虑和抑郁之间的联系之后可能会变为真正意义上的上瘾，这表明了我们不应该只关注毒品，特别是在消费习惯之初，还要注意到其他的表现。

我想起了一个父亲是瘾君子的15岁男孩。这个男孩与母亲生活在一起，毫不费力地表达出他一直在承受他父亲害怕被儿子抛弃的态度带来的痛苦，这个态度让他无法像他期待中的那样与他父亲见面。他把这种状况看作与他父亲的问题有关的外部束缚，但随着我对他了解的加深，我发现真相是他自己身上存在不受控制的行为，这种行为总是让他被拒绝，所以被抛弃。这并不会阻止他产生很抑郁的心理活动，在这个心理活动中，周围人是因为他的行为而排斥他的，这让他对自己的行为充满了负罪感，这种负罪感成了他最重要的心理活动。但明显让人印象深刻的是，就像这种案例中经常会发生的那样，这个男孩不可能意识到让他自己被排斥的不受控行为，虽然这对很多人来说是很明显的。

作为母亲，当你怀疑或发现你儿子嗑药时，你应该做些什么呢？要知道专业人士经常倾向于关注瘾君子而不是他的父母。况且，父母也常常经受着很严重的困难，这些困难与他们自身相关，但同样影响了家庭和谐的保持，以及他们对孩子的爱和照顾他的期望。这些父母通常是无能为力的，被年轻瘾君子的对立态度和反抗行为搞得怒不可遏。解决这些事情从理论上来说很简单，但在日常生活中想避免这种情况却要难得多。对父母来说，记住几个普遍的建议是很重要的，这是为了不至于手无寸铁地上阵，也是为了保留一条让自己不会被瓦解的行为界线。

第一个建议就是不要自己偷偷怀疑。作为一个家长，应该先与亲近的人谈论这件事，第一选择显然是配偶。这种交流可以让人对自己在解决问题上更有信心，更好地了解如何与儿子谈论这件事，并且避免父母间很容易被孩子利用的对立态度。

第二个很重要的建议就是不要将偶尔吸食或节日型嗑药与其他的消费方式混为一谈。不要将怀疑和监视措施逐步升级，因为这些方法可能会更危险而不是更有利。但对于自我治疗型消费（更不用说成瘾型消费），要承认治疗手段是必要的，不要太过期待或徒劳地希望所有事情都一成不变地步入正轨。每个嗑药的人都是个例，不论他们之间的共同点是什么，每个人嗑药的原因和戒药的方法都是不同的。与青少年的对话只能让母亲（或父母）逐渐了解自己孩子“中毒”到了什么程度，尤其是了解毒品在他们生活中占据了什么样的位置。外界和间接标准的评估同样也是有效果的：年轻人是否还是差不多正常地上学（在没有父母过度压力的情况下）？他是否保留了他习惯参与的体育、文化和休闲活动？兴趣是否还是一如既往？他与朋友的关系是不是突然间就变了？他在其他方面（睡眠，友情或爱情关系，焦虑表现，抑郁表现……）有困难吗？家庭氛围变特殊了吗？父母能否客观地正视这些可能出现的问题？不要过于期待精确的临床迹象表现，因为这些迹象就像中毒的身体症状一样，取决于毒品的数量，吸食的时间，特别是他们是不是想掩盖这种中毒症状。这些迹象并不能作为可靠的指标。

第三个建议就是永远不要对瘾君子的勒索或要钱的行为屈服。这个态度有时是很难坚持的，因为母亲（或父母）总害怕如果他们拒绝了这次求助，他们的儿子为了弄到自己需要的东西会采用违法的方法——有时这种想法是有道理的。但在我们看来（从我们的经验出发），在这个层面上父母还是要有特别坚定的态度。

最后一个建议，我认为父母应该接受儿子被一个“陌生的身体”侵占的事实，他要用尽全部力量与它做斗争，要知道，如果他已经有了真正的上瘾问题，这个斗争将会是长期的，而且不限于简单的戒药或戒毒治疗。在严重上瘾的情况下，还会有很多次失败的战斗。但生活依然在继续，时间会给父母和年轻人机会，只要大家都不彻底放弃。

我上面提及的建议显然不能解决所有上瘾的问题，此外还要认识到那些作用更为深入的治疗手段。对于我们称之为“自我治疗型”的消费者，特别是偶然性消费者，我们通常建议他们去看家庭医生或者求助于专门为有心理问题的年轻人（青少年和年轻的成人）就诊的专业医生，而不是治疗那些专门的目标人群（上瘾程度很深）的医生，或如今我们在全国各地都能找到的戒毒所（我们可以向自己的普通科医生或所在地区的卫生和社会部门索要地址）。在这些戒毒所中，由教育家、社会工作者、心理治疗师等各个不同领域的专家组成的团队可以长期从心理上帮助青少年并让他们在中长期时间内重新融入社会。这些戒毒所通常与疗养中心、重返社会中心、寄养中心或社区等有助于边缘群体重新融入社会的地方有合作关系。要记得替代产品（美沙酮、丁丙诺啡）的使用应仅限于严重上瘾者，还要注意有好几个专业的帮助困难家庭的帮扶陪伴中心。

作为总结，为了孩子将来的体质和身体，了解几个专业的医学知识和几个即时应急措施是很有必要的：

● 吸食印度大麻、致幻药物、安非他命或可卡因后引起的幻觉或急性继发妄想反应经常需要在医院住几天，并且应该使用特殊药物。

● 急性鸦片（吗啡、海洛因）中毒引起的继发性呼吸困难和昏迷应该立即由应急机构（医疗急救队、消防队）处理。

● 如果可能的话，一般的缺水状态应该到医疗场所处理，第一个举动应该是安抚主体，在叫医生前给他喝水或者大量的果汁，这应该成为习惯性做法。

我儿子很暴力

男孩日常生活的特点体现在展现他的力量，特别是对身体力量的需求上。这种所有男孩身上都有的自然表达有时会成为他们最喜欢的表达冲突或焦虑的方式之一。这就是我们今天以“行为困难”一词重新定义的表现：面对别的孩子或动物时表现出好斗性，破坏东西，偷窃，严重违反行为规范，所有这些现象在13岁前就开始出现了。这种困难已经成了咨询儿童精神科医生最常见的动机之一，并且可能会发展成真正的青少年犯罪行为。

面对喜欢用肢体语言表达自己感受的男孩，我们要区分表现型行为、蓄意性行为和适应性行为，也就是区分本能上很可能是积极意义的行为（因此绝不会是不假思索的行为）和“转变为行动”的通常体现为暴力和好斗的行为。冲动本身指的是突如其来的完成这个或那个行动的倾向，不论是什么样的行动，就好像这是件急不可耐的事情一样。这种状况的发生是不受任何控制的，也是不合时宜的，通常会受到情感的影响。

男孩的暴力行为可能在家庭之外，但有时也会在家中表现出来，这会让你儿子成为家中的暴君。家庭之外的暴力相对来说在增长，并且开始的年龄也越来越小。当暴力走向违法道路时（特别是在青春期时），这种情况差不多只涉及男孩。应该说在违法或者更少见的犯罪情况中，社会文化因素看起来是很重要的原因，因为2/3的案例都发生在条件较差的区域，案件中的青少年都多少从属于犯罪团伙。

家中“小霸王”并不是个例，因为这种情况在孩子身上出现的频率在0.5%～13.7%之间浮动，绝大部分案例出现在男孩身上。在美国，9.2%的青少年每年至少打一次他们的父母；在日本，3.7%的18岁以下的个人曾对父母有过暴力行为。在法国，一些研究也发现了相近的比例：3.4%。青少年，更罕见的情况下是儿童，不遵守指令，践踏底线，公开采取挑衅的行为。他会成为所有家人的暴君，对他父母，有时也会对兄弟姐妹进行掌控。这些家中“小霸王”通常展示了一个很有特点的轨迹：一切都从语言暴力开始，接下来在无数次威胁要打碎物品后对物品进行破坏，使父母对他们的要求妥协。有时，一些真正意义上的暴怒危机可能会导致对一个或好几个房间的全面破坏。这种情况经常会出现在沮丧的背景中，而且并不总是由父母导致的。同时，道德上的暴力开始被强加在最脆弱的家庭成员身上：将其锁在房间里，用威胁的手段勒索钱财，各种各样的戏弄刁难。肢体暴力会在一个较长的逐步升级过程之后突然出现，通常始于一个粗鲁的习惯性动作，但这次更加过分而且已经接触到了目标。

在一些情况中，暴力依然被严格地限制在家庭环境内部，在家庭之外没有发生任何问题或暴力行为。这在十二三岁的少年中比较常见，他们还不是暴力的孩子，但已经是任性难相处的孩子，他们的暴力行为集中在父母中的一个人，一般来说是母亲身上。我们注意到了与其他人相比，这些孩子在家之外更喜欢独处，有时甚至很腼腆，他们是同学的嘲讽对象或者是班上的替罪羊。在家里，他们好像要为这种耻辱的情况复仇，让近亲承受他们在外面作为受害者承受的痛苦。刚一开始就进行肢体暴力的情况是很罕见的。在差不多所有案例中，肢体暴力之前会有语言暴力的阶段（辱骂，口头威胁，挑衅的态度），而且父母，特别是母亲，会抱怨孩子对自己缺乏尊重，蛮横无理，目中无人。这时教育和心理评估就应该立即介入。

最常见的情况中，在家庭之外，这些男孩也表现出了一些问题：在学校的语言暴力，辱骂老师，暴怒，打架，可能最后走向偷窃的违法行为，离家出走，以及在青春期伊始就出现的引起惯性宿醉的过量酒精消费和服用麻醉药物。学业困难是很常见的：进度跟不上，成绩下降，缺课，被开除，休学，不停换学校……所以我们不能说暴力行为是没有任何先兆突然出现的，因为这些孩子（75%～80%的案例中涉及的都是9岁～17岁的男孩，13岁～14岁则是暴力行为的巅峰）以前经常出现过心理问题：几乎所有人都有诸如括约肌障碍（遗尿、大便失禁），运动神经障碍（躁动不安、面部抽搐），睡眠障碍，发育迟缓以及学业落后等问题。然而，所有的研究都表明受害人的父母通常年纪都已经很大了：他们生育这个暴力的孩子时已经超过35岁了，而且不幸的是在绝大部分案例中，他们的社会经济水平是很低的，表现为无职业资格，失业或伤残。家庭氛围本身经常也是有暴力性质的。这里要着重指出两大类家庭：一种是缺乏权威的家庭，父亲被贬低，毫无地位可言，对孩子漠不关心；另一种是父亲很暴力，冲动，专制但同时排斥孩子的家庭，这种父亲常会因严重的酗酒情节惹上司法问题，而且就算他们并非长期失业，他们在工作上也是很不稳定的。

我们经常能在这些“小霸王”的幼年时期，或叛逆期，也就是两岁半至三四岁之间观察到他们有着与这个年龄段的正常行为相比，更为持续的任性或严重和过分的好斗举动（不停地咬别的孩子或父母，粗暴地扔东西）。如果这些行为持续不断的话，父母的关注、威严或限制的态度是很重要和有着防范意义的。父母应该表现出明确的指责，提高音量，严厉地制止这个举动，如果父母双方都采取这些举动，且这些举动对小孩子的威胁行为构成了规律、连贯和自动的回应的话，那么这些好斗的行为很快就会消失。所以对专业人士来说，支持父母毫不模糊的教育者地位是很有必要的，教会孩子给予父母应有的尊重是对他们孩子今后最好的保护：他对自己的尊重终将体现在他对父母的尊重上。显然，在童年时对权威量的获取对年轻人以及他们的父母来说都代表着最有效的担保。如果问题严重到需要第三人的介入，我们就建议进行家庭治疗，以便讨论经常出现的家人间沟通扭曲的问题。当关联方法看上去不可能实现时，也可以进行生活上的调整（分居/隔离和治疗性入院，甚至去日间医院[1]）。最后，有时要学会求助于药物治疗，这种治疗方式在年轻人及其父母接受这个处方且用于一些能明显鉴定的问题（如性格冲动）时会更有效果。但在这个问题上，最好在这个处方上加上关联型疗法，比如支持型心理治疗。

我儿子有性方面的问题吗？

尽管母亲应该保持谨慎，避免窥视儿子身上性方面的问题，但她或许会本能地察觉或感觉到儿子遇到的问题。一般来说，他可能用隐藏真正问题的方式表现这些问题：与别人关系持续不适，拒绝外出，酗酒或嗑药。在最常出现的性问题中，有早泄、阳痿（无法勃起）或者性高潮缺失（无法射精）。

1 法国特有的只在白天开的医院。——译者注最后这两个障碍没有那么普遍，但它们也可能在孩子发生前几次性关系时突然出现。

如果前几次性关系是在一个充满信任的氛围中发生的，而且青少年对性伴侣充满柔情蜜意的话，这些问题就会减缓然后消失，这对青少年情侣会逐步进入更理想的关系中。反之，如果他们只是为了“看看这是怎么一回事”而发生关系，最主要的追求只是解决正常需求的话，前几次性经历也可能成为心理创伤的根源，而这种情况经常在男孩身上发生。在这种情况中，男孩可能会把自己看成有性功能障碍的人或者认为自己生殖器受损，他的所有幻觉都会朝着“阉割焦虑”的方向发展，这种焦虑可能会使上述各种性功能障碍成为现实。如果是这种情况，我们建议父母寻求专家的帮助。男孩会更轻松地倾诉他的烦恼，不会有负罪感和羞耻感。

我们也要明白，有过多的性经历和性伴侣对青少年来说，往往意味着一种逃避，陷入一种可能逐渐让爱情失去生命力的行为，特别是当他很年轻时，他怕这会让爱情关系沦为简单的“交配”。一些青少年还试图以此治疗他们的失望，甚至抑郁。所以爱情关系可能不再被他们看作是与一个人建立情感联系和交流的契机。这些为数众多的性关系经常建立在功利性和对另一个人的探索的基础上。随着他们忍受痛苦的时间的增加，这些青少年心理上的反应其实揭示了他们对自己的身份感或无法彻底摆脱的俄狄浦斯形象及其紧密关系的深深怀疑。虽然，表面上他们在寻找大量不同的性伴侣，但有时这是为了让自己更好地在幻想的秘密中保留他们与父母的紧密联系。当然，性经历过多为与这种实践相关的并发症打开了大门：比如传染性性病和可能出现的艾滋病的威胁。

与性伴侣过多的青少年相反，另一些青少年完全没有性生活。那么他们就是不正常的吗？20年前，这个问题可能会引起大家的震惊，甚至目瞪口呆！在我们这个时代，一个没有发生过性关系的青少年在某些条件下或某些阶层中可能会被认为是不正常的。我们还可以认为这样的询问是青少年对医生或对倾听者双向询问的反问："我是正常的吗？"然而，不局限于青少年的性关系，去考虑青少年性生活的全貌是很重要的。将幻想和性幻觉，手淫行为和性关系本身区分开来也是十分必要的。

母亲对儿子最主要的担心还是儿子可能会是同性恋，她可能在儿子身上觉察到了他与女孩相处时的困难或者一些"很不爷们儿"的态度、音调和行为。如今，如果说在社会上同性恋已不再是禁忌话题，那么在家庭中或在母亲看来，至少在“出柜”前或“出柜”伊始，问题还是存在的。如果只有不到5%的青少年认为自己有同性恋倾向，那么在十八九岁之后，自己承认是同性恋的年轻人的比重似乎会增加。

母亲应该知道，男孩的同性恋倾向有时是一种反映了极其不同的状况的行为，而对此的解释与20年前相比，也远没有那么刻板和上纲上线（“这都是因为他母亲！”是种偏见）。从不同情况的角度来讲，我们应该分清成为同性恋的幻觉或恐惧和规律性行为并且排除其他一切关系的同性恋，后者才是平衡和确认性别认同的依据。我们也要对做做样子的同性恋行为（触摸），甚至是暂时的真实同性性关系，和在屈服于成年人要求的关系甚至卖淫行为进行区分。我们将会仔细讨论这些问题，因为如果规律的同性行为和确定的同性选择只涉及一小部分青少年，那么对于同性幻想和青春期初始时有发生的同性性经历来说就不是一回事了，对后者的心理学理解比前面几种情况更能让人接受。

一些年轻人有时会觉得别的同性年轻人更吸引自己，并且会害怕自己是同性恋。我们通常认为这种恐惧在青春期之初是相对正常的，在某种程度上甚至是发育的一部分。事实上，在身份认同的过程中，青少年需要与同性父母保持距离，他们通常在有侵略性的背景下做这件事。然而，一些青少年为了控制或否认这种侵略性，采取了对父母相对妥协的态度。另一些人则正相反，会感觉自己被他们希望得到的形象吸引。不管是为了否认所有好斗倾向而做的妥协还是寻求我们同性的理想形象，在这两种情况中，哪个无意识的选择看上去都像同性恋的选择。这个过渡性选择只会揭示与有同性俄狄浦斯情结的亲子关系造成的心理活动。

这些想法，恐惧和幻觉在大部分情况中还属于正常范围之内，尤其是在青春期开始时，但它们也可能开始转变为触摸，或开始同性关系的行动。触摸或间歇性性关系，特别是当它发生在两个同龄青少年之间时，一般有安抚年轻人的自恋和使他们肉欲快感觉醒的作用，而不是证实或导致同性恋的“命运”。在青少年寄宿学校中，肉体接触的游戏和时刻对教育家和老师来说已经很熟悉了。它们同时引起了不安的诱惑，可耻的排斥和轻蔑的贬低。

同性青少年之间的相互手淫和性游戏一般反映了主体自恋的追求和面对异性恋时恐惧的退却行动，而不是真正意义上的同性恋选择。反之，成年人的反应才是决定性的，如果他们认为这些行为是有同性恋倾向的。青少年会通过成年人的看法确认自己的同性恋身份，接下来他会将这种身份认同粗暴地用在他的身体和性别认同的选择上。要知道这种间歇性的同性行为并不意味着年轻人有持续和排他的同性生活，我们应该除去夸张成分，这样青少年经常亲身体验的负罪感才不会让他重复这些行为。担心儿子模棱两可举动的母亲也不应该习惯性认定，她儿子只有在被认为是同性恋时才会达到自我和谐。我们已经说过了，只有一小部分青少年，特别是从十七八岁开始，会彻底投入同性恋的选择并且排除所有的异性生活。这个选择一般反映了性别认同的最终方向。

至于一些青少年——其实大部分情况下是男孩——是同性引诱的真正受害者的案例，周围人因此采取法律措施的态度看起来是完全可以理解的，但有时也会产生比事件本身更有害的后果，至少在与青少年有关的事情上是这样的。一些调查指出，在度过了创伤期后，青少年接下来不会表现出较强的改变他今后性行为的心理失衡。周围人的理解，还有他自我“忘却”创伤的能力无疑是让青少年不被这个经历持续侵扰的最好方法。

还剩下的就是被收买的同性恋行为，这种现象反映了一些错综复杂的问题。它牵扯到两类因素：一方面是与环境有关的因素（青少年陷入了被成年人剥削的网络），另一方面就是心理因素（情感缺乏，教育缺乏，甚至怕被抛弃的状态以及毒瘾）。

我们之所以这样强调不同类型的同性恋，是为了指出在这个说法中其实隐藏着极其多样的情况和原因，从生理注定的到无意识的心理选择应有尽有。母亲应该了解青春期初始的同性幻想或间歇性同性关系不一定会让儿子今后就选择母亲特别恐惧的同性生活。反之，她应该明白这种经历的重复，特别是只维持这种类型性关系的情况体现了经过长时间建立的性别身份认同，一种我们不应该再谴责的身份认同。我有幸遇见了一些在经过了最初的焦虑后，学会支持她们与大部分男孩性别身份不同的儿子的母亲。

什么时候求助专业人士？

当男孩发烧，抱怨肚子疼或头疼，受伤或看起来很累时，他的母亲会毫不犹豫地咨询她的医生。当他表现出行为困难或情感不适时，要做决定就困难得多了。这是不是暂时的？是不是只是一时的障碍，时间长了自然会解决？他学业上的困难难道不是单纯因为他懒吗？所有这些问题都会出现在父母的脑海中。

我在这个领域的经验让我看出当母亲决定听取专业人士的意见时，绝不会是毫无理由的。她们对儿子的精神状态太担心了，这种想法经常被父亲支持，但其实是不准确的。反之，我的职业实践经常会让我为这种方法没有被更早采用而感到遗憾。但问题生根时，它们的影响已经很深了，恶性循环就此形成，而且显然，进展将会变得更加困难，更加缓慢。

促使人们咨询专业人士的迹象确实不太容易注意到。其实，对于行为障碍或情感问题，“信号灯”一般既不是问题的类型也不是严重的程度。除了她的直觉和个人敏感度，母亲应该依据的指示一般是:

- 同时表现出痛苦或不正常行为，在原来的行为中出现了新的行为。

- 反复性问题（规律性嗑药，不管是什么药物；频繁缺课；在公路上发生好几次事故，导致骨折或重伤；反复的贪食行为；反复打架；反复醉酒；反复重修课程，等等）。

- 在三个月以上，甚至六个月或更久的时间内持续同一个行为。

- 对孩子以及他的周围环境来说，生活中可能导致压力或焦虑的事件（搬家，父母生病或出事故、失业，等等）。

当一些病状行为联系在一起，不断重复，持续并且遇到了生活中的负面事件时，这个时候认为“时间就是最好的治疗”并且只要等待就好了就是很不切实际的了。与之相反，我们要么会害怕一种固定问题，这个问题的反复可能对孩子有创伤性的后果，导致对他造成负面认同的称呼（他有“性格障碍”，他是个“瘾君子”“贪吃鬼”“犯人”等等）；要么害怕问题的逐步加重，可能会伴随明显情感障碍中的代偿失调，比如严重的抑郁或精神代偿失调。

总之，不论是单一但定性、持续的障碍（比如坚持好斗的行为，伴随着学习成绩严重退步），还是各种各样的同时发生或有前后顺序的，但经常对社交、家庭或学习生活产生影响的行为，专业人士迅速介入都是很重要的，从而使孩子不被禁闭在越来越病态的行为中，脱离正常的情感和智力发育，这对继续发展和健康成长来说都是不可或缺的。

所以父母双方都应该接受咨询专家的看法，因为这种方法可以开启新的可能性，但专家不仅要关注可能出现的可直接转移的表现（迫切地要求关注和爱，可能引起与母亲或父母的对立），也要关注孩子用不同方式提及已经讨论过的主题，重视已经说过的话，提供新的事实，自愿谈起第一次见面时回避的问题，讨论梦境、幻想和幻觉的能力，不论他是医生，心理学家，语言治疗学家还是教育家。专家不应该强迫孩子说他想听的话；相反，他应该尊重他的小病人的秘密，害怕，羞怯，让他尽情表达能让他得到最好放松的话。

结语

母亲强悍，儿子就强悍？

在我们这个时代，我们要求母爱不要转化为太大的弱点；我们要求母亲克制自己对她们小天使的爱慕，对这些小伙子的愚蠢行为不要太过宽容或太易受诱惑；我们要求母亲不要过分庇护儿子，不要让他们窒息……如今的母亲确实要在不断变化的世界里抚养儿子，她们要推动自己的儿子步入具有不确定性的、比任何时候都难以预料的复杂社会，所以她们应该将自己的职业生活和母亲的身份结合在一起。但是，正因为所有这些原因，今天的母亲比昨天的母亲更应该对她们的儿子提出要求，这是肯定的，不管年龄大小，同样还要表达出依赖、融洽和爱。我们应该帮助她们。

和过去一样，如今所有的母亲在某种程度上都很像“犹太母亲”：为儿子感到骄傲代表着她最美好的成功；亲眼看到儿子消失——不管是现实意义上还是象征意义上的——会是她最大的痛苦。但对21世纪的母亲来说，真正的关键因素在别处——她们的任务应该是能够与儿子发展一段让他对明天的世界做好准备的关系。这种认识要通过两个相爱的人对沟通的学习来达成，因此这两个人不能自认为彼此相同。对今天的小男孩、明天的成年人来说，母亲能清楚表达她的爱并且确认她意愿的需求是很有必要的。

兼顾工作和孩子在过去就是妇女的主要问题，在我们的时代更是如此。寻找保姆、看儿科急诊、与主课老师的约见，经常是母亲的任务。如今的父亲依然更喜欢炫耀他们办公桌上妻子和孩子们的照片而不是早早回家。不过，在2002年，43%的新手父亲都请了陪产假。虽然法国不是瑞典，高管们对于工人或雇员请陪产假更不高兴，但无论如何，时代变了，如今的父亲比他们自己父亲照顾孩子的时间要长得多。我们可以引用一位银行高管的话，他说：“男人还是更喜欢待在办公室，而不是每隔两小时给婴儿喂一次奶。但我很高兴我这么做了，我亲眼看见了小宝宝最初的目光和微笑。”但问题不会因此消失，沉迷于自己工作的男人不会对将他的天平向家庭倾斜，然而工作步入正轨的头几年通常也是最需要关心家庭的时候。

在父子之间，最重要的语言是行动，最算数的是做了的事；在母子之间，最重要的语言是目光，最算数的是相互间的默契。在海滩上，母亲的视线永远不会完全脱离那个只想着玩和疯跑的小男孩。在儿子前几次遗精时，母亲发现被他弄湿的床单仍然会很谨慎，但双方都清楚另一个人已经知道了。这件事一直都是这样，并且依然会这样下去。但如今的母亲还要面临另一个挑战：和蔼的同时还要强悍，这样做是为了让她们的儿子变得强悍和敏感。

赫拉克勒斯有个强悍的母亲，大卫和哥利亚也是如此。这些女人如何教育出这些与众不同的“巨人”呢？如果拿航海做比喻，我会说母亲一直都在激励她们的儿子，并充当了他的风和帆。父亲从传统意义上给人感觉像是掌舵的，但遇到风暴时，一般来说似乎都是母亲代表着航行的最后一道保险。此外，我从个人从业经历中得知，当母亲因阻力太强而筋疲力尽不能激励儿子时，最主要的原因通常是父亲太弱。

在一个妇女的身份和角色得到了深刻改变和肯定的世界，在一个家庭关系复杂化、教育观念也在转化的世界，母子关系的价值不应该再引起恐慌了。男孩的成功之路从传统上总被归结于对父亲身份的成功认同（如今比过去更甚），但这也是和蔼坚强的母亲形象带来的结果。如今的母亲当然可以在教育儿子时给他传递男子汉的信心，但同样也可以给他传达女性的敏感。

为什么不在“有其父必有其子”的说法之外加上“有其母必有其子”呢？要知道，在单亲和重组家庭中，儿子一般在母亲的屋檐下生活，所以我们今天更有理由问这个问题了。无论在这种情况下，还是在更传统的家庭中，母亲都应该是和蔼、严格、强悍并且对自己的身份感到自豪的。然而，男人从小男孩时期就一直想要实现的愿望，就是想让母亲开心。难道在母子关系中再没有隐藏的神奇部分了吗？

测试

你是哪种类型的母亲?

用“是”或“不是”回答下列问题，如果是肯定回答就把相关字母圈上。

1B 你是否更愿意有个女儿而不是儿子?

2A 你能接受你的儿子不回答你的问题吗?

3E 他在你怀里撒娇时，你觉得你是最幸福的母亲吗?

4C 你是否觉得你有必要每个早晨叫醒他，虽然他房间里有闹钟?

5E 你经常对自己说他是世界上最美好的吗?

6C 你经常觉得有必要对他说“小心点儿，马上要出事了”吗?

7A 你能接受他不能轻易说出他的经历吗?

8C 你对他的发育迟缓是否有些许担忧？

9B 你会经常想“我只有与婴儿在一起时才感觉良好”吗？

10A 当你要批评他时，你能轻易、清楚、直接地说出来吗？

11E 当有人对你说他很帅时，你会感动吗？

12B 因为你孩子是男孩，你是否会有他不需要你的感觉？

13E 你是否经常对你的女性朋友“充满爱意地”谈论你儿子？

14A 你是否会给你儿子寻找能让他锻炼身体的活动？

15C 你是否总是怕他吃得不够？

16D 你是否习惯性地站在他这边对抗他的父亲？

17D 你是否极其需要控制他的所有学习生活和他的外出？

18A 如果他对你的个人烦恼满不在乎你觉得正常吗？

19D 你是否很难接受他喜欢去（外）祖父母家？

20D 如果他拒绝抱你，你会觉得奇怪吗？

21D 你是否经常希望他能做得更好？

22B 从他出生以来，你是否有不能体会他的感受的感觉？

23C 你是否总是害怕他被班上同学欺负？

24E 当你儿子得到表扬或很高的分数时，你的精神状态会立刻就变了吗？

25B 你是否因为孩子是男孩而感觉与他相处不舒服？

分析你的答案：

你回答的A越多，你越倾向于和蔼型母亲。

你回答的B越多，你越倾向于恐惧型母亲。

你回答的C越多，你越倾向于保护型母亲。

你回答的D越多，你越倾向于占有型母亲。

你回答的E越多，你越倾向于热情型母亲。

致谢

我要感谢所有父母，特别是那些为了儿子向我寻求帮助的母亲，感谢她们对我全心全意的信任。

我要对奥迪尔·雅可布（Odile Jacob）的友情和坚定的支持表示衷心的感谢。

我还要感谢奥迪尔·雅可布出版社的全体工作人员，谢谢卡特琳娜·梅耶尔和玛丽–洛林考拉对这部作品做出的贡献。

母亲怎么疼爱儿子都不过分。但为了让他自在地生活并且有爱别人的能力，她应该是热情而又无处不在，还是应该更谨慎，并且克制她爱的力量呢？

如今，很多母亲在向她们的儿子展示温柔时会有负罪感，她们会害怕助长过于强烈的俄狄浦斯情结。

然而，母亲对儿子的爱非但不是障碍或负担，而且还是必需品，是一种基本需求，更是他达成完美平衡和作为男人的成功条件。

和蔼而强悍的母亲可以让儿子在强悍的同时也拥有一颗敏感的心。